Eselsbrücken & Gedächtnisstützen

Nur wer sich konzentriert, wer beobachtet,
der beherrscht sein Gedächtnis wirklich.

Samuel Johnson

Cornelia Schenk

Eselsbrücken & Gedächtnisstützen

Merkhilfen selbst gebaut

GONDROM

Cornelia Schenk studierte Germanistik, Geschichte und Soziologie. Sie arbeitet als freie Autorin und Journalistin mit den Schwerpunkten Literatur, Pädagogik, Psychologie und Lebensberatung und ist als Gymnasiallehrerin für Deutsch und Literatur tätig.

Produktion: Medienagentur Drews, Augsburg
Illustrationen: Bert K. Roerer, Augsburg
Covergestaltung und -illustration: Norbert Pautner, München

013

ISBN-10: 3-8112-2732-7
ISBN-13: 978-3-8112-2732-3

5 4 3 2 1

www.gondrom-verlag.de

Vorwort

Früher diente der Esel als Lasttier. Allerdings hatte dieses eigensinnige Langohr eine etwas nervige Eigenschaft. Es war extrem wasserscheu und sein Besitzer war nun gezwungen, entweder selbst des Esels Bürde durch das kühle Nass zu stemmen oder eine Brücke für sein stures Tier zu errichten.

Der Esel als Transportmittel ist aus der Mode gekommen, nicht aber die Eselsbrücken. Denn Forschungen beweisen, dass der moderne Mensch seine gedanklichen Lasten sicherer im Gedächtnis verankert, wenn er nach Eselsbrücken Ausschau hält.
Die bekanntesten kennt jeder aus seiner Schulzeit. Findige Witzbolde reimten sich historische Ereignisse oder Sprachregeln zu einprägsamen Versen zusammen.
Kurzformeln wie „Drei, drei, drei – bei Issos Keilerei“, „Sieben, fünf, drei – Rom schlüpft aus dem Ei“ oder „Vier, sieben, sechs – mit Rom ist es ex“ können für vergessliche Schülergehirne notenrettend sein. Und wer nämlich immer noch mit h schreibt, der ist einfach dämlich. Ob das auch die Rechtschreibreformer beherzigt haben? Haben sie doch den Ratschlag ihrer Lehrer „Trenne niemals s und t, denn es tut den beiden weh“ unbeeindruckt in den Wind geschrieben.
Eselsbrücken sind also keine heiligen Größen. Man findet sie vor, man kann sie ändern oder noch besser, man kann selbst neue bauen.
Davon handelt dieses Buch. Eselsbrücken sind die kreativen Helferlein des Gedächtnisses. Sie zu errichten ist ein schöpferischer Akt. Denn mit lustigen Verknüpfungen, oftmals in Reimform,

sorgt man nicht nur für mehr Heiterkeit und Humor im Alltag, sondern auch für eine zuverlässige Aufbewahrung von jederzeit abrufbaren Denkinhalten im sicheren Tresor des Langzeitgedächtnisses.

Sieben, fünf, drei – Rom schlüpft aus dem Ei.

Eselsbrücken können so zu sicheren Übergängen für alle werden, die mit einer täglich anbrandenden Flut aus Informationen und Denkleistungen tapfer, aber oft vergebens kämpfen.
Welches Handy soll ich kaufen, welcher Telefontarif ist günstiger, welche Software soll ich installieren? Welche Zahlenkombinationen muss ich mir für was merken? Mit welchen Passwörtern öffnen sich virtuelle Verkaufsräume und Infoportale? Ist man mit Herrn – verflixt und zugenäht, wie heißt er doch gleich wieder? – heute oder erst morgen verabredet? Und wo wollten Sie sich treffen: im „Gasthaus zum Schwan" oder im „Gasthaus zum See"? Man jongliert mit geheimen Pins und Codes, speichert Termine und Verabredungen in sämtlichen verfügbaren elektronischen Medien und vergisst sie dennoch.
Und der Stress geht weiter. Um es mit dem braven Lehrer Lämpel zu sagen: „Also lautet ein Beschluss, dass der Mensch was lernen muss." Längst hat es sich herumgesprochen, dass dies ein lebenslanger Prozess geworden ist, will man nicht den Anschluss an eine global vernetzte Medien- und Informationsgesellschaft verlieren. Oberste Kommandozentrale für diesen nie enden wollenden Multitasking-Parcours ist das Gehirn. Kein Wunder, wenn das Gedächtnis ab und zu

streikt und uns Erinnerungslücken bedrohen. Vergessen, verlieren, versprechen und verdrängen sind zwar nach Freud, dem Vater aller Psychoanalytiker, boshafte Winkelzüge unseres Unterbewusstseins, aber bevor Sie nun zu Therapiezwecken zur nächstgelegenen Couch eilen, sollten Sie in Erwägung ziehen, ob diese entsetzliche Vergesslichkeit nicht durch ein Gedächtnistraining bekämpft werden kann.

Also lautet ein Beschluss,
dass der Mensch was lernen muss.

Da passt es doch, wenn Neurologen das menschliche Gedächtnis- und Erinnerungsvermögen genauer unter die Lupe nehmen und mit gutem Rat aufwarten. Sie halten ein funktionierendes Gedächtnis weder für Hexenwerk noch für eine Glückssache, sondern nur für eine Frage der richtigen Organisation im Kopf.
Als schnell wirkendes Gegengift gegen schlappe Gehirnzellen empfehlen die Wissenschaftler das so genannte Assoziationslernen. Der Laie spricht schlichter von einer Eselsbrücke. Allerdings scheinen sich die Gehirnforscher darin einig zu sein, dass es zeitgemäßer sei, nicht mehr für seinen Esel, sondern für sein Gedächtnis Brücken zu bauen. Logischerweise könnte man nun auch von einer Gedächtnisbrücke sprechen. Doch was für ein langweiliger Begriff gegenüber dem augenzwinkernden Charme, den der altgediente Ausdruck Eselsbrücke ausstrahlt! Wie Sie ganz leicht Ihre eigenen Eselsbrücken bauen können, verrät Ihnen dieses Buch.

Wie funktioniert unser Gedächtnis?

Von Großhirn bis Kleinhirn und was auf diesem Weg alles verloren gehen kann

Um die Bedeutung und die Funktionsweise von Eselsbrücken für das Erinnerungsvermögen zu verstehen, folgt zunächst ein kleiner Rundumschlag zur Gedächtnisforschung.
Die Schutzpatronin des Gedächtnisses ist eine griechische Göttin mit dem kaum aussprechbaren Namen Mnemosyne. Von ihr leitet sich der Name Mnemotechnik ab, der so viel wie Gedächtniskunst bedeutet.
Bereits der antike Philosoph Aristoteles setzte sich mit dem Phänomen des Denkens und des Gedächtnisses auseinander. In seinem Werk *Über die Seele* stellte er fest, dass man nicht ohne Bilder denken kann. Mit seiner Erkenntnis, dass man Informationen und Wissen in bildhafte Vorstellungen kleiden und sie mit Emotionen verknüpfen sollte, schuf er die Grundlage für alle nachfolgenden Gedächtnisforscher. Ein einfaches Prinzip der Gedächtnisforschung lautet nämlich:

Konkretes wird leichter erinnert als Abstraktes. Gefühle steigern Aufmerksamkeit und Merkfähigkeit.
Alles, was man sehen, hören, riechen, schmecken oder fühlen kann, gelangt zunächst einmal in das Ultrakurzzeitgedächtnis, das seine Informationen zwei Sekunden lang behält und dazu dient, begonnene Handlungen fortzusetzen. Jede neue Information wird angenommen, aber nur die wichtigen gelangen zur weiteren Bearbeitung in das Kurzzeitgedächtnis. Seine Speicherkapazität ist klar begrenzt. Es können immer nur Einheiten von bis zu sieben gleichzeitigen Informationen aufgenommen und für mehrere Minuten bis zu maximal einigen Tagen gespeichert werden. Das erklärt, warum die australischen Ureinwohner in ihrer Sprache Zahlworte nur bis sieben kennen oder warum man sich Telefonnummern mit mehr als sieben Ziffern nicht merken kann, auch wenn man sie gerade aus dem Telefonbuch herausgelesen hat. Und vielleicht hängt damit auch die Beliebtheit der Zahl sieben zusammen: sieben Tage, sieben Zwerge, sieben Sachen, sieben auf einen Streich, Siebenschläfer, sieben Brücken, sieben fette und sieben magere Jahre, nachzulesen in Märchen-, Schlager- und Bibeltexten.
Nach sieben macht das Kurzzeitgedächtnis also

Feierabend und lässt die Rollläden herunter. Übrigens weist die Gehirnforschung darauf hin, dass sich Informationen aus dem Kurzzeitgedächtnis zwar dem menschlichen Erinnerungsvermögen entzogen haben, aber keinesfalls gelöscht sind – sie sind sozusagen nur unauffindbar auf der Festplatte des Gedächtnisses gespeichert. Jeder kennt Situationen, in denen Erinnerungen an längst Vergessenes wie mühsam gesuchte Puzzleteile oder aber auch mit der Gewalt eines Blitzschlags zurückkommen.

1, 2, 3, 4, 5, 6, 7 – ähh …

Grundlegend ist zu sagen: Nur die wichtigsten Informationen wandern vom Kurz- zum Langzeitgedächtnis und werden dort dauerhaft gespeichert. Und genau hier befindet sich der Dreh- und Angelpunkt eines jeden Gedächtnistrainings: Was für das Gehirn merkenswert sein soll, muss nämlich bemerkenswert sein. Wir erinnern uns sicher nicht daran, wie oft wir in unserem Leben die Waschmaschine angemacht oder den Staubbeutel des Staubsaugers gewechselt haben, aber wir erinnern uns für immer an unsere erste große Liebe oder den romantischen Sonnenuntergang in einem Urlaubsparadies.

So merken wir uns Informationen

Was du mir sagst, das vergesse ich.
Was du mir zeigst, daran erinnere ich mich.
Was du mich tun lässt, das verstehe ich.

Aus dieser Erkenntnis haben die Gehirnphysiologen eine Marketingstrategie abgeleitet, wie man dem Gedächtnis Informationen so gut wie möglich verkaufen kann. Gedächtnisforscher nennen sie Assoziationstechnik oder assoziative Verknüpfungen, im Volksmund ist sie bildhafter

als Eselsbrücke bekannt. Es ist gewissermaßen wissenschaftlich abgesegnet, den Weg zum Langzeitgedächtnis mit Eselsbrücken zu pflastern, denn Eselsbrücken sind für ein Gedächtnistraining von grundlegender Bedeutung. Je fantasievoller und ungewöhnlicher sie gebaut werden, desto unvergesslicher bringen sie die Gedanken in den sicheren Hafen des Langzeitgedächtnisses.
Interessant für den Bau von Eselsbrücken ist auch der Sitz des Gedächtnisses im Gehirn. Genau genommen handelt es sich sogar um drei Gehirne:

- Das reptilische Gehirn: Aus der grauen Vorzeit evolutionärer Entwicklung ist dem Menschen das reptilische Gehirn geblieben. Hier sind Verhalten wie Jagen, Riten oder Bewegung manifestiert, die Menschen seit der Frühzeit an den Tag legen. Dieser Gehirnteil liebt keine Veränderungen, lernt nur sehr langsam und vermittelt ein Gefühl der Routine. Emotionen sind hier nicht zu Hause.

- Das emotionale Gehirn: Für Gefühle ist das emotionale Gehirn zuständig, das man als Herz des Gedächtnisses bezeichnen könnte. Denn hier, im so genannten Mittelhirn mit seiner

Hypophyse und Zirbeldrüse, sind Lachen, Weinen, Erotik, Traurigkeit, Angst, Furcht und Glücksgefühle verankert. Gedächtnisinhalte auf ihrem Weg ins Langzeitgedächtnis passieren diesen Bereich des Gehirns, und es kommt zu einem Treffen zwischen Gedächtnis und Gefühl. An dieser Nahtstelle sollten Eselsbrücken mit viel Gefühl gebaut werden, denn Gefühle machen die Informationen einprägsamer. Die goldene Regel lautet daher: Für ein gutes Gedächtnis spielen Gefühle eine zentrale Rolle.

- Die Großhirnrinde: In der Großhirnrinde ist der Sitz jenes Gehirnbereiches, der sich in der Evolution zuletzt entwickelte und durch den sich der Mensch vom Tier unterscheidet. Dieser jüngste Gehirnteil beinhaltet vor allem das logische Denken und die Langzeitspeicherung von Informationen. Hier verknüpfen sich nach neuesten Schätzungen 15 bis 100 Milliarden Gehirnzellen zu den unterschiedlichsten Verbindungen, in denen die Informationen gespeichert werden. Diese Strukturen können während der gesamten menschlichen Lebenszeit neu organisiert werden. Selbst wenn man die Zahl der Gehirnzellen, die man in der Fachsprache Neuronen nennt, nur mit 15 Milliarden festlegt, können durch die verschiedenen Verbindungsmöglichkeiten 2^{10} Milliarden Informationen gespeichert werden. Diese Zahl ist so unvorstellbar groß, dass man 90 Jahre bräuchte, um sie aufzuschreiben – vorausgesetzt, man notierte jede Sekunde eine Null.

Was du mir sagst, das vergesse ich.

Das Gehirn im Alter

Von diesen Milliarden Neuronen verliert der Mensch jeden Tag zwischen 1 000 und 10 000 Neuronen. Wenn man nun den denkbar ungünstigsten Fall berechnet, würde das bedeuten, dass ein Mensch mit 15 Milliarden Gehirnzellen und einem täglichen Verlust von 10 000 pro Tag ungefähr 410 Jahre alt werden müsste, um 10 Prozent seines Gehirns zu verlieren. Es liegt also sicher nicht an der Gehirnkapazität, wenn man mit zunehmendem Alter über Vergesslichkeit klagt. Die Ursache findet sich vielmehr im mangelnden Training des Gedächtnisses. Ohne regelmäßiges Gehirnjogging werden die ungenutzten Neuronenverbindungen abgebaut. Deshalb ist es für ältere Menschen, die nicht mehr vom Berufsleben gefordert werden, wichtig, ihr Denk- und Gedächtnisvermögen zu trainieren. Denn auch im Alter gilt: Geistiges Training hält nicht nur die Neubildung von Gehirnstrukturen in Gang, sondern kann sogar noch zu einer Verbesserung des Gedächtnisses führen.

Zum Abschluss des ersten Kapitels sei noch auf die Bedeutung der zwei Gehirnhälften für selbst gemachte Eselsbrücken hingewiesen. Salopp ge-

sagt: „Rechts der erste Kuss, links das Einmaleins."
Was bedeutet dies? Es ist bekannt, dass die linke Gehirnhälfte für den Verstand und die Logik zuständig ist. Hier befindet sich das Wissensgedächtnis, während in der rechten Gehirnhälfte Kreativität, Gefühle, Assoziationen, räumliche Orientierung, das episodische Gedächtnis und Bilder ihren Platz haben. Ebenso handelt es sich um kein großes Geheimnis, dass im Bildungswesen und in der Arbeitswelt überwiegend die linke Gehirnhälfte gefördert und eingesetzt wird. Dabei haben Forscher darauf hingewiesen, dass gute Musiker auch gute Mathematiker sind oder rhythmische Bewegungsabläufe die Sprachkompetenz fördern.
Es gibt einen Zusammenhang zwischen geistiger Leistungsfähigkeit und körperlicher Betätigung. Wer sich regelmäßig bewegt, verbessert damit seine Gedächtnisleistungen. Schon im alten Griechenland sind die Peripatetiker spazieren gegangen, während sie philosophierten. Heute soll zum Beispiel Kaugummikauen das Lernen erleichtern. Das Gedächtnis für Wörter, Namen und Zahlen wird von der linken Gehirnhälfte gesteuert, das Wiedererkennen von Gesichtern aber durch die rechte. Deshalb erreicht man die volle Leis-

tungsbereitschaft des Gehirns nur durch die gleichmäßige Beanspruchung beider Gehirnhälften. Wirksame Eselsbrücken für bessere Gedächtnisleistungen werden also nur unter Einbeziehung der gefühls- und fantasiereichen rechten Gehirnhälfte entstehen.

So helfen Sie Ihrem Gedächtnis auf die Sprünge

Mit Händen, Füßen und viel Kreativität - um Ihr Gedächtnis auf Trapp zu halten, sind alle Mittel erlaubt

Die gute Nachricht der Gehirnforscher lautet also, dass das gehirngerechte Bauen von Eselsbrücken die Gedächtnisleistungen enorm steigern kann. Lernfrust, schlechtes Gedächtnis und langweiliges Auswendiglernen werden zu Schnee von gestern, wenn man seinen Gedächtnismuskel so fit trainiert wie seinen Körper. Das hört sich gut an. Aber wie funktioniert das?

Jeder hat schon einmal die Erfahrung gemacht, dass die Gedächtnisleistungen sehr unterschiedlich sein können. Aber nicht jeder weiß, dass das Gedächtnis wesentlich leistungsfähiger ist, wenn man folgende Notwendigkeiten für ein gutes Erinnerungsvermögen beachtet:

- Energie,
- Interesse,
- Motivation,
- Konzentrationsfähigkeit (Aufmerksamkeit),
- Verständnis,
- Organisation.

Als zukünftiger Eselsbrückenbauer sollten Sie zunächst einen kurzen Check-up der psychologischen Software für bessere Merkfähigkeit starten. Nur wer genügend Energie zur Verfügung hat, kann sein mentales Potenzial optimal ausnutzen. Dies erreichen Sie, wenn Sie auf gesunde, nährstoffreiche Ernährung, ausreichend Schlaf, Bewegung an der frischen Luft und eine positive Grundeinstellung zum Leben achten.
Die Initialzündung für eine erfolgreiche Erinnerung erfolgt über das subjektive Interesse an neuen Gedanken, Lerninhalten oder Erfahrungen. Denn nur daraus erwachsen die Motivation, sich etwas zu merken, und die Konzentration für eine aufmerksame Wahrnehmung von Informationen. Ohne Interesse geht alles zu einem Ohr hinein und zum anderen wieder hinaus, ohne jemals im Gedächtnis angekommen zu sein. Jeder kennt das schleichende Gefühl der Langeweile, wenn der zündende Funke bei einem Bericht nicht über-

springen wollte. Man stellt die Gedanken auf Durchzug, sodass Sie nicht aufmerksam, sondern zerstreut und unkonzentriert sind.
Es gibt Experimente, die beweisen, dass Menschen mit unterdurchschnittlicher Intelligenz ihr Gedächtnis auf ihrem Interessengebiet so gut einsetzen können wie Hochbegabte, weil sie sich durch Engagement und Motivation zu Experten mausern.

Starten Sie einen kurzen Check-up der psychologischen Software für bessere Merkfähigkeit.

Aber Interesse allein reicht für gute Merkfähigkeit nicht aus, dazu gehört immer auch das Verstehen des neuen Lerninhaltes. Wem das Lernen schwer fällt, wer stur alles in sich hineinpaukt, dem fehlt oft das Verständnis für die Inhalte.
Fehlende Informationen oder Erfahrungen können dazu beitragen, dass man die neuen Inhalte nicht versteht. Manchmal liegt das nur an der fehlenden oder falschen Definition von einzelnen Wörtern. Neue Informationen sollten immer in klaren Gedanken und Sätzen ausgedrückt werden können.
Ohne Verständnis des Gelernten wird kaum eine dauerhafte Verankerung im Gedächtnis stattfinden. „Der Mensch soll lernen, nur Ochsen büffeln", gibt wer gleich wieder zu bedenken? Wie heißt nur dieser berühmte Kinderbuchautor von *Emil und die Detektive*? Richtig: Erich Kästner.
Wem Einsteins Relativitätstheorie ein Rätsel ist, wird seinem Gedächtnis keine verwertbare Information dazu entlocken können. Prüfungskandidaten kennen das ungute Gefühl, wenn unverdaut vorgetragene Lerninhalte vom Prüfer mit verständnislosem Kopfschütteln quittiert werden. Man kann seine Erinnerung nur abrufen, wenn man beim Speichern den Gedächtnisinhalt verstanden hat. Das Verstehen wiederum gelingt

umso leichter, je mehr der Inhalt subjektiv als sinnvoll empfunden wird.
Interesse, Motivation, Konzentration und Verstehen sind also die unerlässliche Voraussetzung für eine erfolgreiche Erinnerung. Beherzigt man diese Ratschläge, hat man gute Chancen, dass die Lerninhalte wohlbehalten im Gedächtnis ankommen. Dort können sie aber nicht einfach kreuz und quer abgelagert werden. Schließlich soll es in Ihrem Gedächtnis nicht so aussehen wie bei Hempels unterm Sofa. Jetzt ist es an der Zeit, die eingehenden Informationen so zu organisieren, dass sie bei Bedarf auch wieder abgerufen werden können.
Um den Lernstoff im Gehirn zu organisieren, haben Sie verschiedene Möglichkeiten. Finden oder konstruieren Sie Gemeinsamkeiten (Analogien) oder Unterschiede (Differenzen), zwischen den neuen Lerninhalten und den bereits bekannten. Strukturieren Sie das neue Wissen und bauen Sie es in Systeme oder in Ihr Vorwissen ein (Kategorien).
Zu den effizientesten Organisationsformen zählt die Eselsbrücke. Sie ist Grundlage der meisten Gedächtnis- und Mnemotechniken. Gehirnforscher weisen daraufhin, dass jede Gedächtnisspur durch mehrfache Benutzung schneller abrufbar

wird. Behalten Sie stets im Auge: Die Organisation der Informationen erleichtert später das Abrufen von Erinnerungen.

Nun ist Lernen angesagt. Aber bitte mit Köpfchen. Man tut sich nichts Gutes, wenn man alle Muskeln im Fitnessstudio trainiert und seinen wichtigsten Muskel vernachlässigt. Das mag das Gehirn nicht sonderlich und revanchiert sich mit Gedächtnislücken. Regelmäßiges Fitnesstraining für das Gehirn führt zum promptem Abruf wichtiger Gedächtnisinhalte. Achten Sie beim Speichern und Wiederholen der Informationen darauf, dass Ihnen genügend Zeit zur Verfügung steht.

Wenn Wahrnehmung und Aufmerksamkeit zur Aufnahme von Informationen geschärft sind, sollten Sie noch einmal die acht Räumlichkeiten in Ihrem Gedächtnis durchschreiten, weil sie viele Lernkanäle und Erinnerungsmöglichkeiten zur Verfügung stellen, aus denen tragfähige Eselsbrücken gezimmert werden können:

- bildhaftes oder visuelles Gedächtnis (Erinnerung an Gesichter und Bilder),
- verbales oder auditives Gedächtnis (Merkfähigkeit für Vokabeln, Namen und Orte),
- Zahlengedächtnis (Merkfähigkeit für Telefonnummern, Termine, Daten oder Jahreszahlen),

- motorisches Gedächtnis (Bewegungen und Handlungsabläufe wie Radfahren, Schwimmen, Tanzen oder Reparaturen),
- episodisches Gedächtnis (wichtige chronologische Ereignisse wie der erste Kuss, der letzte Arbeitstag, historische Begebenheiten),
- räumliche Orientierung (Orte einprägen und wiederfinden),
- Alltagsgedächtnis (Schlüssel und Brille nicht verlieren, Briefe zur Post mitnehmen, nach Unterbrechungen wieder den Anschluss finden),
- Sinneswahrnehmung (Erinnerungen an Gerüche, Geschmack und Gefühle).

Fast jeder Mensch hat bei einigen der aufgeführten Merk- und Abrufstrategien Schwächen, bei anderen Stärken. Eine hervorragende Rolle für die Gedächtnisleistungen spielen der Gesichts- und Gehörsinn. Wissenschaftler haben herausgefunden, dass 60 Prozent der Menschen bildhafte Reize besser abspeichern (visueller Typ), während 40 Prozent mehr auf sprachliche Eindrücke reagieren (auditiver Typ).
Welcher Typ sind Sie? Um das herauszufinden, hilft ein einfacher Test: Erinnern Sie sich an ein gemeinsames Abendessen mit Freunden. Was fällt Ihnen spontan ein? Erinnern Sie sich an gespei-

cherte Bilder oder haben Sie die Gesprächsinhalte in besserer Abrufbereitschaft? Vielleicht haben Sie den Ablauf der Ereignisse noch ganz genau im Kopf, die kleine Rede nach der Vorspeise, die Zigarettenpause auf der Terrasse vor dem Kaffee, die exakte Speisenabfolge? Mit solchen Fragen können Sie deutlich erkennen, wo Ihre Gedächtnisstärken liegen und mit welchen Sinneskanälen Sie bevorzugt Ihre Erinnerungen abspeichern. Als visueller Lerntyp sollten Sie neue Informationen möglichst verbildlichen. Als auditiver Lerntyp sollten Sie dagegen den Lernstoff akustisch aufbereiten:

- Lesen Sie den Lernstoff laut.
- Reden Sie mit anderen über die Merkinhalte.
- Reimen Sie.

Für den motorischen Lerntyp gibt es kein normiertes Testverfahren, daher ist es schwierig zu sagen, wie viele Menschen zu diesem Typ gehören. Sind Sie geschickt, in allen Dingen, die bestimmte Bewegungsabläufe erfordern? Können Sie gut tanzen? Dann gehören vermutlich auch Sie zu dieser Gruppe von Menschen. Als motorischer Lerntyp sollten Sie Bewegungsabläufe in den Lernvorgang einplanen.

- Setzen Sie gelernte Dinge sofort in die Tat um.
- Nehmen Sie Arm- und Handbewegungen zur Hilfe (Schreiben, Zeichnen, Gestikulieren, Zeigen mit dem Zeigefinger, an einer Hand Abzählen. „Es im linken Fuß, im kleinen Finger haben“, sagt der Volksmund).

Reimen Sie!

Beim Bauen von Eselsbrücken kommt es darauf an, alle diese Gedächtnisfertigkeiten zu nutzen, zu vernetzen und sie durch beharrliches Einüben als stabile Brückenpfeiler zu verankern. Je mehr Sie sich als Baumeister betätigen, desto meisterhafter werden Sie. Die alten Weisheiten „Ohne Fleiß kein Preis" oder „Vor den Erfolg haben die Götter den Schweiß gesetzt" zeigen auch hier ihre Gültigkeit. Ein gutes Gedächtnis ist ohne beharrliches Üben nicht zu erreichen. Das Gedächtnis lässt sich wie ein Muskel trainieren. Wer denkfaul wird und anstehende Informationen nur noch mit Merkhilfen und Taschenrechnern erledigen will, braucht sich nicht zu wundern, wenn sein Gehirn so löchrig wie ein Schweizer Käse wird. Gehirnjoggen und aktives Denken vernetzen das Geflecht der Nervenzellen dichter miteinander, und diese Verdichtung bedeutet mehr Gehirnleistung.

Studien haben bewiesen, dass die Merkfähigkeit von Menschen, die regelmäßig lesen, Kreuzworträtsel lösen oder reisen, deutlich höher liegt, und das Risiko, an Alzheimer zu erkranken, deutlich geringer ist als bei den anderen Kontrollgruppen. Gehirntraining ist zwar manchmal anstrengend, dafür kann man aber den Gang in die Apotheke vergessen, um teuer jene Mittelchen gegen Vergesslichkeit einzukaufen, zu deren Nebenwirkungen man immer Arzt und Apotheker befragen sollte.

Merken Sie sich gut: Am Anfang des Trainings gegen Vergesslichkeit steht üben, üben und nochmals üben. Es ist noch kein Meister vom Himmel gefallen, im Gegenteil: Erst Übung macht den Meister. Das gilt auch für den Eselsbrückenbaumeister.

Bevor ich Ihnen nun verschiedene Bauanleitungen für selbst gemachte Eselsbrücken präsentiere, stärken Sie Ihre Motivation, indem Sie sich die folgenden vier Gründe, die für ein Gedächtnistraining sprechen, so bildhaft, lebhaft und bewegt vor Augen führen wie möglich:

- Mehr Kreativität: Natürlich müssen Sie nicht jede Telefonnummer und jedes Datum im Kopf haben. Man kann mit Sicherheit viele Informationen schriftlich speichern und nachschlagen. Aber Wissen, das man aus dem Gedächtnis abrufen kann, sorgt für weiterführende Überlegungen, neue Ideen, mehr Urteilskraft und sinnvolle Lösungen. Kurz gesagt: Ihre Kreativität wird zunehmen.
- Mehr Wissen: Interessanterweise folgt das Gedächtnis nicht dem Prinzip einer Badewanne, die

irgendwann einmal voll ist, sondern dem Gegenteil. Sich viel Wissen anzueignen, ist geradezu ein Garant dafür, mühelos und unangestrengt neue Informationen in Ihrem Gedächtnis speichern zu können. Die vorhandenen Wissensbestände verknüpfen sich mit den neuen Lerninhalten zu einem engmaschigen Netz, in dem jede weitere Information hängen bleibt. Ihr Gedächtnis verfügt über ein unerschöpfliches Aufnahmevolumen. Nutzen Sie es.

- Mehr Zeit: Vergesslichkeiten führen zu tausendfachem Nachschlagen, Durchblättern, Suchen und Überlegen. Das kostet Zeit und Nerven. Falls Sie sich fühlen wie jener Sisyphos, der zeitlebens damit beschäftigt war, wieder und wieder einen Stein den Berg hinaufzurollen, dann opfern Sie lieber etwas Zeit, um sich neue Informationen einzuprägen und zu wiederholen, als immer wieder dasselbe nachzuschlagen.
- Weniger Peinlichkeiten: Wenn man Wissen und Informationen kompetent weitergeben und neue Kollegen, entfernte Bekannte oder gute Kunden mit dem richtigen Namen ansprechen kann, schafft man eine vertrauensvolle Atmosphäre, die im Berufs- und Privatleben von unschätzbarem Wert ist.

Kampf der Vergesslichkeit

„Ich muss unbedingt daran denken, dass ich …“: Vergesslichkeiten mit Gedankenverbindungen bekämpfen

Die Gedächtniskunst oder das Erinnerungsvermögen leben von Gedankenverbindungen (Assoziationen). In diesem Kapitel wird deutlich, wie Sie die alltäglichen Vergesslichkeiten vergessen können, wenn Sie sich von der Situation bildhafte Vorstellungen machen. Oder sind Ihnen die folgenden Situationen etwa fremd?
Sie wollen dem Kollegen eine wichtige Mitteilung machen. Aber als Sie ihn endlich zu Gesicht bekommen, vergessen Sie darüber zu reden. Sie haben keinen einzigen Regenschirm mehr im Haus, weil Sie sie überall vergessen, besonders wenn es nicht mehr regnet. Sie wollen den Brief zur Post mitnehmen und das Altglas zum Container bringen. Aber der Brief bleibt daheim auf der Anrichte liegen und der Korb mit den Flaschen quillt weiterhin über – es bleibt beim Gedanken. Vor dem Gang zum Supermarkt fällt Ihnen ein, dass auch

noch Brot und Salz besorgt werden müssen. Doch zum Abendessen gibt es nur noch Zwieback und die Tomaten ohne Salz. Morgens überlegen Sie sich, auf dem Nachhauseweg einen kurzen Umweg zu machen, um nach der Arbeit zu tanken. Abends fahren Sie automatisch den gewohnten Weg nach Hause. Sie gehen in den Keller, um eine bestimmte Zutat für das Mittagessen zu holen, aber vor dem Regal herrscht Gedächtnisflaute und große Ratlosigkeit. Viele Menschen kennen auch das beunruhigende Gefühl, in die Ferien zu fahren, ohne sich sicher zu sein, ob der Herd und das Bügeleisen wirklich abgeschaltet sind. Und die Frage, ob Auto- und Haustüren tatsächlich fest verschlossen sind, hat schon so manchem Zeitgenossen zwangsneurotische Erlebnisse beschert.

Wenn Sie sich in diesen alltäglichen Szenen wiedererkannt haben, dann stellen Sie nun die berechtigte Frage: Was kann ich dagegen unternehmen, um diese Vergesslichkeit abzubauen?

METHODE 1

Auslöser suchen und gedanklich verkoppeln

Gedächtnisforscher haben erkannt, dass das menschliche Erinnerungsvermögen auf Auslöser reagiert. Ein Elefant könnte zum Beispiel der Auslöser sein, dass Sie an Afrika denken, Paris lässt sich mit dem Eiffelturm oder der Nôtre-Dame in Verbindung bringen. Wenn Sie den Briefkasten erspähen, werden Sie sich mit Sicherheit an den vergessenen Brief erinnern. Leider zu spät.
Die logische Schlussfolgerung daraus muss sein, sich situationsgerechte Auslöser für seine Vergesslichkeitsfallen zurechtzulegen. Kommen Sie also Ihrem Gedächtnis zuvor und bestimmen Sie den Situationsauslöser. Bildlich verdeutlicht, stehen Sie am Ufer eines reißenden Flusses und halten nach einer Eselsbrücke Ausschau. Ist keine in der Nähe, die zum sicheren Ufer der bleibenden Erinnerung führt? Dann müssen Sie sich selbst helfen! Jetzt rasch gehämmert und die folgende bildhafte Vorstellung könnte zur Eselsbrücke werden:
Wenn Sie zum Beispiel einen Brief zur Post bringen wollen, dann nehmen Sie die Haustüre als Situationsauslöser. Heiß fühlt sich die Türklinke

in Ihrer Hand an. Erschreckt ziehen Sie die Hand zurück. Was war da noch? Der Brief? Türklinke und Brief müssen Sie nun bildhaft miteinander verknüpfen. Der Brief, der zur Post gebracht werden soll, baumelt an der Türklinke. Sein Umschlag hat sich tiefrot vor Wut verfärbt, weil Sie ihn vergessen haben. Jetzt wissen Sie auch, warum die Türklinke so glüht.

Noch ein Beispiel gefällig? Sind Sie jedes Mal unsicher, ob Sie den Herd abgeschaltet haben, wenn Sie aus dem Haus gehen? Dann bestimmen Sie Ihre Haustüre wieder als Auslöser. Stellen Sie sich vor, dass beim Öffnen der Tür Ihr Herd mit seufzender Stimme ruft: „Ach, mach mich aus, ach, mach mich aus, die Brote sind schon lange braun.“ Dieses Bild verankern Sie nun fest in Ihrem Gedächtnis. Jedes Mal wenn Sie die Türklinke (Situationsauslöser) ergreifen, werden Sie nun an den Frau-Holle-Spruch Ihres Herdes erinnert (Gedankenverbindung) und Sie können zur Beruhigung noch einmal nach dem Herd sehen.

Noch ein Beispiel: Sie wollen endlich wieder einen Regenschirm Ihr Eigen nennen? Merken Sie sich den Platz, an dem Sie Ihren Schirm abgestellt haben – meistens wird es wohl eine Garderobe sein. Der Platz dient Ihnen als Auslöser. Nun stellen Sie sich vor, wie der Platz von Wolkenbrüchen

förmlich überschwemmt wird, sodass sich der Regenschirm öffnet und gehorsam in Ihre Richtung schwimmt.
Und ein letztes Beispiel: Sie sind schon wieder automatisch nach Hause gefahren, statt an der Kreuzung links zur Tankstelle abzubiegen? Stellen Sie sich vor, dass an der besagten Stelle (Situationsauslöser) ein Polizist steht, der Sie mit einem Benzinkanister in Richtung Tankstelle dirigiert (Gedankenverbindung).
Alle diese Beispiele haben eine entscheidende Gemeinsamkeit, auf die es ankommt, wenn Sie Ihre Vergessenheit loswerden werden wollen, nämlich das Verpacken der Gedankenverbindungen in fantastische und witzige Bilder.

METHODE 2

Ketten- oder Geschichtenmethode

Während man bei den eben genannten Beispielen nur einen Auslöser mit einem bestimmten Bild verbunden hat, um Vergesslichkeiten zu überwinden, wird es bei der Kettenmethode etwas komplexer. Hier werden viele Stichworte der Reihenfolge nach zu einer Geschichte verbunden, wobei keines ausgelassen werden darf. Auch dabei erzielt man die größten Erfolge, wenn man die

Verkettungen nach eigenen Vorstellungen zu lebendigen und komischen Bildern ausgestaltet. Besonders gut eignet sich diese Eselsbrücke, um sich eine Reihe von Begriffen einzuprägen, wie sie zum Beispiel vorkommen können:

- in Stichworten oder Wortlisten,
- als Gliederungspunkte für eine Rede,
- als Argumente bei Gesprächen und Sitzungen,
- in wichtigen Textinhalten.

Üben Sie diese bildhaften Vorstellungen jedoch nicht erst, wenn Sie eine wichtige Rede vor großem Publikum halten oder bedeutende Argumente in einer Konferenz vortragen müssen.
Damit Ihnen der Bau fantasievoller und witziger Eselsbrücken locker von der Hand geht, ohne dass Sie von Ihrer linken logischen Gehirnhälfte ständig kritisiert und zensiert werden, sehen Sie sich in Ihrem Alltag nach Übungsmöglichkeiten um:

- Nehmen Sie ein Buchkapitel her, egal ob Roman oder Fachbuch.
- Probieren Sie Ihr Talent an Zeitungsartikeln oder -schlagzeilen aus.
- Erstellen Sie To-do-Listen oder studieren Sie die Bestellerlisten für Bücher und Songs.

Bringen Sie Ihre eingerostete rechte Gehirnhälfte in Schwung, denn dadurch stimulieren Sie Ihr Gedächtnis und Erinnerungsvermögen am wirkungsvollsten.

Beispiel
Sie nehmen an einer Toskana-Reise teil. Der Veranstalter sagt Ihnen, was Sie brauchen:

- leichte Kleidung,
- feste Schuhe,
- Socken,
- Sonnenschutz mit hohem Lichtschutzfaktor,
- Sonnenbrille,
- Badesachen,
- Isomatte für Körperübungen,
- Bettwäsche oder Leinenschlafsack,
- Handtücher.

Die dazugehörige Geschichte lautet: Ich hänge an die Wäscheleine ein *leichtes Baumwollhemd* – so leicht, das es im Wind leicht flattert. Damit das aufhört, befestige ich die *schweren Schuhe,* in die ich *dicke Socken* gesteckt habe, am Saum des Hemdes. Ich will nicht, dass sich die Schuhe und Socken bei der schweren Arbeit, nämlich das Hemd ruhig zu halten, einen Sonnenbrand holen, deshalb creme ich sie mit einem *Sonnenschutzmittel* Faktor 16 ein und binde an den Schnürsenkeln die *Sonnenbrille* fest. Dagegen protestiert die Sonnenbrille. Sie will beim *Badeanzug* an der Wäscheleine hängen, denn sie ist mit ihm verlobt und duldet keine Trennung. Ihre Verlobung geben sie auf der *grünen Isomatte* bekannt, weil Grün für die Hoffnung auf eine glückliche Beziehung steht. Ihre Heirat planen sie in strahlend *weißer Bettwäsche*, die neben ihnen an der Wäscheleine hängt. Als Hochzeitsgeschenk wünschen sie sich keinen schlichten, kratzigen Leinenschlafsack, sondern *flauschige samtweiche Handtücher*, die am Ende der Wäscheleine flattern. Alles klar?

METHODE 3

Eine Gedächtnisstütze schaffen

Platzieren Sie an Orten, an denen Sie sich häufig aufhalten, ein auffälliges Objekt oder einen Lieblingsgegenstand in Ihrem Blickfeld. Verteilen Sie Ihrer Fantasie und Ihrem Geschmack folgend bemalte Steine, kleine Figuren, bunte Federn oder

Ähnliches auf dem Schreibtisch, auf dem Küchenbord, im Bad oder auf dem Nachtkästchen. Heften Sie auffällige Memozettel oder Bildchen an die Zimmertüren, Spiegel, oder Schlüsselhaken. Damit verbinden Sie noch ausstehende Erledigungen, die Sie erst später ausführen wollen.

Platzieren Sie an Orten,
an denen Sie sich häufig aufhalten, einen
Lieblingsgegenstand in Ihrem Blickfeld. Prost!

Beispiel
Sie arbeiten an Ihrem Schreibtisch. In zwei Stunden fängt Ihre Mittagspause an, aber unmittelbar zuvor müssen Sie noch einen unaufschiebbaren Anruf tätigen. Als Sie schon im Mantel sind, fällt Ihr Blick auf die kleine Skulptur, die Sie neben dem Telefon als Merkhilfe platziert haben. Alles klar. Sie nehmen den Telefonhörer ab und wählen.
Noch ein Beispiel: An einem zentral gelegenen Ort in Ihrer Wohnung oder im Büro stellen Sie einen hübschen Teller auf, daneben einen kleinen Berg aus Cent-Münzen. Immer wenn nun eine zukünftige Erledigung durch Ihr Gehirn kreuzt, werfen Sie mit einem lauten Knall eine Münze in den Teller und bringen sie mit Ihrem Gedanken in Zusammenhang.

METHODE 4
Akustische Eselsbrücken

Wenn es niemanden stört und Sie gute Nerven haben, dann können Sie einen kleinen Reisewecker zum Einsatz bringen. Wenn er nach Ihrer Einstellung läutet, ist es nicht Zeit zum Aufstehen, sondern um den Kampf gegen die Vergesslichkeit anzutreten.

METHODE 5

Bewegende Eselsbrücken

Haben Sie sich in letzter Zeit Gedanken darüber gemacht, wie Sie laufen, schwimmen, Fahrrad fahren oder Ihre Schuhe binden? Natürlich nicht, denn es handelt sich um einmal gelernte und nun automatisierte Bewegungsabläufe. Nutzen Sie dieses Prinzip, um körperliche Bewegungen als Eselbrücken zu verwenden. Trainieren Sie das motorische Gedächtnis. Viele solcher merkwürdiger Bewegungen machen Sie mit Sicherheit schon: Ist es Ihnen zum Beispiel vertraut,

- mit den Fingern Ihre Aufzählung zu unterstützen,
- mit den Füßen zum Takt von Reimen und Musikstücken zu wippen,
- sich mit den Händen die Ohren zuzuhalten, wenn es Ihnen zu laut wird, oder
- die Augen zu schließen, wenn grelles Licht Sie blendet?

Nützen Sie nun diese motorischen Anlagen als Gedächtnisanker. Zeichnen Sie Sätze oder Wege in der Luft nach, so als ob Sie Spuren im Sand hinterlassen wollten. Melken Sie die Kuh pantomimisch, wenn Sie Milch einkaufen müssen, inhalieren Sie den Geruch von Rosen, wenn Sie einen Blumenstrauß besorgen sollen. Ziehen Sie an Ihren Ohren, wenn Sie die CD-Anlage zum Reparieren bringen müssen.

Nie mehr Ärger mit Namen

Namen sind Schall und Rauch? Der Weg zu einem guten Personengedächtnis ist gar nicht so holprig

Jeder kennt die Situation. Da werden Sie strahlend von einem Bekannten gegrüßt, den Sie längere Zeit nicht mehr gesehen haben. Der Bekannte zeigt seine Freude über das Zusammentreffen, redet Sie mit Namen an und das Gespräch könnte sehr nett sein, wenn nur nicht diese krampfhafte Suche nach dem Namen des Bekannten alles verderben würde.
Immer wieder kommt es im Gespräch zu der Situation, dass Sie den Bekannten mit seinem Namen ansprechen könnten. Sie kaschieren so gut wie möglich diese Vergesslichkeit, versuchen verzweifelt, den Namen doch noch zu erinnern und können sich dadurch kaum auf das Gespräch konzentrieren. Wie wird es der Bekannte auffassen? Müssen Sie Farbe bekennen oder können Sie die Gedächtnislücke geschickt verbergen? Das folgende Kapitel soll Ihnen helfen, durch bildhaf-

te Verknüpfungen mehr Namenssicherheit zu erlangen, damit es das nächste Mal ohne Zögern heißt: „Guten Tag, Herr Zellhuber-Zeumann."

Tipp
Wenn man einen Menschen mit Namen begrüßt, wird das Gespräch erfolgreicher verlaufen, weil der Angesprochene sich wertgeschätzt und höflich behandelt fühlt. Menschen mit gutem Personengedächtnis haben mehr Erfolg im Leben, weil sie ihrem Ansprechpartner signalisieren: „Du/Sie bist/sind für mich bemerkenswert."

METHODE 1

Von der Kunst, sich an Namen zu erinnern

Guten Tag, Herr ... äh ... Meier? Folgende Fragen können Ihnen helfen, einen vergessenen Namen wieder zu reaktivieren:

- In welchem Zusammenhang habe ich die Person kennen gelernt? War es ein großes Fest bei Verwandten, im Urlaub, eine berufliche Angelegenheit oder eine Essenseinladung bei Freunden?

- Gab es bekannte Personen, die mir damals diesen Menschen vorstellten?
- Hat er seinen Namen selbst genannt, vielleicht sogar Vor- und Nachnamen?
- Was haben Sie sich spontan gedacht, als Sie den Namen hörten? War er mit einem bestimmten Klang oder einer bildlichen Vorstellung verbunden?
- Können Sie sich noch an den Anfangsbuchstaben oder einen Teil des Namens erinnern?
- War es ein Allerweltsname oder ein sehr seltener? Trägt noch jemand, den Sie kennen, diesen Namen? War es ein ausländischer Name, verbunden mit einem anderen Land und einer anderen Kultur? War er schwer auszusprechen? Kennen Sie den Klang von einem bekannten Namen her?
- Wenn die namenlose Begegnung im Kreis weiterer Personen stattfindet, haben Sie gute Chancen, dass ein anderer den Namen ausspricht, bevor Sie Farbe bekennen müssen.
- Ansonsten helfen Visitenkarten, Namensschilder an Haustüren und Amtsstuben weiter.
- Oder Sie fassen sich ein Herz und fragen Ihr Gegenüber noch einmal nach seinem Namen. Es ist sicher kein Beinbruch nach einem Gespräch oder nach längerer Zeit jemanden zum zweiten

Mal nach seinem Namen zu fragen. Es kann sogar sein. dass Sie dann die erleichternde Erfahrung machen können, dass auch Herr X nicht mehr wusste, wie Sie heißen.

Wenn Ihnen jemand neu vorgestellt wird: Fragen Sie nach einem nicht verstandenen Namen und lassen Sie ihn sich buchstabieren, denn halb oder falsch verstandene Namen fallen leicht aus dem Gedächtnis.

METHODE 2

Von der Kunst, sich unbekannte Namen einzuprägen

Auf einer Party lernen Sie neue Leute kennen, aber am nächsten Morgen sind ihre Namen schon wieder aus Ihrem Gedächtnis entschwunden? Sie treffen in einer Besprechung auf neue Teilnehmer, deren Namen Sie sich nicht merken können? Ein Anrufer bittet um den Rückruf eines Kollegen. Peinlich, wenn Sie schon beim Auflegen seinen Namen wieder vergessen haben. Sie müssen jemanden anrufen, dessen Namen Sie vergessen haben, aber sein Kollege ist am Telefon. Wie soll man sich nun elegant aus der Affäre ziehen? Sie sagen schlau: „Ich möchte Ihren Kollegen sprechen“, doch Ihr Gesprächspartner gibt dummerweise zur Antwort: „Welchen?“ Pech gehabt! Für Sie beginnt das große Stottern. Kennen Sie diese Situationen aus leidvollen Erfahrungen? Dagegen helfen folgende Tipps für den Bau von Eselsbrücken.

*Ich möchte Ihren Kollegen …
ähhhh … sprechen.*

TIPP 1

Gesichtsmerkmale mit dem Namen verbinden

Hier besteht der Trick darin, zwei unterschiedliche Dinge, nämlich den Namen der betreffenden Person und die Form ihres Gesichtes, auf eine Gemeinsamkeit hin zu untersuchen. Das setzt eine gewisse Konzentrationsfähigkeit voraus, um das Gesicht des Namensträgers genau zu studieren, anstatt die Gedanken schon weiterschweifen zu lassen. Gedächtnistrainer schätzen, dass 40 Prozent aller Menschen aus mangelnder Konzentration Namen und Gesicht nach der ersten Begegnung bereits wieder vergessen haben. Auch die feste Absicht, sich den neuen Namen zu merken, kann für die Erinnerung hilfreich sein.

Nun gehen Sie die wichtigsten Gesichtsmerkmale durch. Wie kann man über Gesichtsform, Stirn, Augenbrauen, Augen, Nase, Mund, Lippen oder Kinn eine Verbindung zum Namen herstellen? Hat Frau Klein nicht eine niedliche kleine Stupsnase? Herr Hohlmeier zwar eine breite Stirn, aber die bildliche Verknüpfung könnte lauten: Hinter der breiten Stirn ist alles leer und hohl. Sein verkniffener Zug um den Mund zeigt deutlich, er ist kein Vereinsmeier, sondern eben Herr Hohlmeier. Trainieren Sie nun Ihr Namensgedächtnis. Dies geschieht in zwei Schritten. Zunächst schulen Sie Ihr Gedächtnis für Gesichter, indem Sie regelmäßig charakteristische Gesichtsmerkmale studieren. Dadurch tanken Sie auch Ihren visuellen Gedächtnisspeicher auf.

Trainieren Sie Ihren Blick zum Beispiel für:

- runde, eckige, ovale Gesichtsformen,
- fliehende, hohe, gewölbte Stirnen,
- buschige, schwungvolle, dünne Augenbrauen,
- wulstige, zierliche, markante Nasen,
- aufgespritzte, schmale oder zusammengepresste Lippen,
- die Art der Schläfen und Wangenknochen,
- Falten und Grübchen.

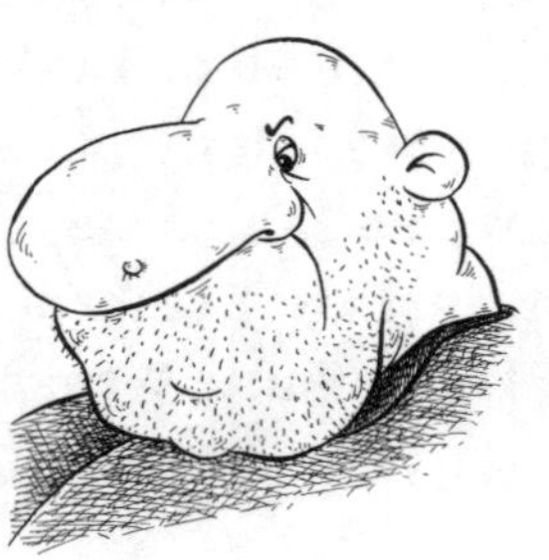

Gesichtsmerkmale mit dem Namen verbinden.

Im zweiten Schritt kleiden Sie die Gesichtsmerkmale so in Bilder, dass Ihnen mit dieser Eselsbrücke die Erinnerung an den Namen leichter fallen wird.

Beispiel
Verbildern Sie Herrn Seemüller. Sie können den Namen Seemüller mit den großen blauen Augen des Namensträgers verknüpfen. Die Augen erinnern an einen See, also an Wasser. Das Wasser wiederum braucht der Müller zum Betreiben seiner Mühle. Das damit gemahlene Mehl wird mit der hellen Gesichtsfarbe von Herrn Seemüller verknüpft. Sprechen Sie zum Abschluss der Bildergeschichte den tatsächlichen Namen noch einmal aus, um bei einer erneuten Begrüßung eine Verwechslung mit dem Bild zu vermeiden. Falls Sie Herrn Seemüller trotz aller Übung mit Herr Seemehl oder Herr Wassermühle begrüßen, dann hat Sie Ihre Eselbrücke nicht getragen, sondern Sie ins kalte Wasser fallen lassen.

Gesichtsmerkmale werden verbildert, weil man sich Bilder deutlich besser einprägen kann als Abstraktes.

TIPP 2

Eigenschaften mit dem Namen verbinden

Herr Kluge – das merkt man im Gespräch sofort – ist nicht so klug wie sein Name vermuten lässt. Frau Mulsow soff leider so viel, dass sie eines Tages nach einem Unfall in Mull verpackt werden musste. Der Name Pfeiffer deutet wohl auf einen fröhlich pfeifenden Menschen hin.

Solche Charaktereigenschaften müssen keineswegs der Wahrheit entsprechen und sollen die Person nicht abwerten, aber je bildhaftere und ausgefallenere Assoziationen aus der Fantasieecke der rechten Gehirnhälfte kommen, umso leichter können Sie sich einen Namen merken. Die linke Gehirnhälfte mit ihrer korrekten Rechtschreibung dürfen Sie dabei guten Gewissens außer Acht lassen.

Einfach wird es, wenn eindeutige Eigenschaften mit dem Namen verbunden werden können wie Herr oder Frau Weiß, Kahl oder Grimm. Wiederholen Sie Ihre Assoziationen, zum Beispiel:

- Frau Frei ist nicht frei, weil sie einen Ehering trägt.
- Herr Schwarz hat eine schwarze Seele.
- Frau Kahl hat lange üppige Haare.

- Frau Fröhlich ist die, bei der die Mundwinkel gar nicht fröhlich nach unten hängen.

Sie sehen, der Fantasie bei der Verbilderung sind keine Grenzen gesetzt.

TIPP 3

Tier- und Pflanzenwelt mit Namen verbinden

Erika ist eine Heideblume, die als bescheiden und anspruchslos gilt. Ist die Trägerin dieses Namens wie ein Heideblümlein oder doch eher das Gegenteil? Überlegen Sie sich weitere Pflanzenarten oder Blumen, mit deren Hilfe man sich Namen leichter merken kann. Da wären zum Beispiel noch Rose, Iris, Veilchen oder Lilie.
Und auch die Tierwelt bietet Verbindungsmöglichkeiten an. Wolfgang erinnert an den bösen Wolf von Rotkäppchen. Der berühmte Politiker Wehner beschimpfte einst in einer Bundestagsitzung den Abgeordneten Wohlrabe mit Übelkrähe. Ein glänzendes Beispiel für die Umsetzung des Prinzips der Eselsbrücke. Leicht wird es, wenn Menschen bereits Vogel, Wurm oder Fuchs heißen.

TIPP 4

Bereits bekannte Namen als Eselsbrücke verwenden

Knüpfen Sie Verbindungen zu vertrauten Namen aus dem persönlichen Lebenskreis oder aber zu prominenten und berühmten Namen, die Ihnen aus der Medienwelt oder Geschichte bekannt sind. Herr Schiller wird wohl gut im Gedächtnis bleiben, auch wenn er kein Dichterfürst ist, sondern der Klempner. Ebenso Frau Wickert, obwohl es wegen ihres Sprachfehlers eher unwahrscheinlich ist, dass sie uns jemals zu den „Tagesthemen" begrüßen wird.

Eine gute Übung

Sammeln und verankern Sie bekannte Namen aus allen möglichen Lebens- und Wissensbereichen, damit sie dann zügig mit den neuen Namen verknüpft werden können.

TIPP 5

Berufe und Tätigkeiten mit Namen verbinden

Manche Namen füllen das Telefonbuch seitenweise, zum Beispiel Fischer, Müller, Zimmermann,

Bauer, Reiter, Ritter, Weber, Graf, Kaiser, Meier und Schmied in all ihren Varianten. Doch auch seltenere Namen wie Kaplan, Weinbauer, Sattler, Springer, Renner, Dreher, Jäger oder Böttcher sind hier zu finden.

TIPP 6

Produktmarken und Namen verbinden

Viele Hersteller versehen ihre Produkte, insbesondere Mode und Kosmetik, mit persönlich wirkenden Namen wie Jessica, Madeleine, Laura oder Bonita. Damit es nicht zu ungewollter Schleichwerbung kommt, dürfen Sie sich beim nächsten Einkaufsbummel gerne Ihren eigenen Reim darauf machen.

TIPP 7

Ein paar Tricks für die namentliche Ansprache bei komplizierten Namen oder Doppelnamen

Wenn sich Ihnen eine unbekannte Person mit einem schwierigen Namen vorstellt, sollte man zunächst sehr konzentriert zuhören und dann, solange die Erinnerung noch frisch ist, den Namen immer wieder im Gespräch aussprechen. Das Gedächtnis wird durch diese aktive Verwendung den Namen besser abspeichern und der Gesprächspartner die persönliche Note zu schätzen wissen. Eine zusätzliche Möglichkeit zur Sicherung ist auch hier wieder die visuelle Eselsbrücke.

Beispiel

Es ist nicht so einfach, sich den Namen von Frau Skarsten-Pflieger langfristig zu merken. Esel hilf! Aus dem visuellen Gedächtnisraum muss zunächst einmal ein passendes Bild für den Namen Skarsten-Pflieger gefischt werden, das zum Einprägen 15 Sekunden lang in der Vorstellung betrachtet wird.

Karsten ist ein Vorname, der an das Karstgestein in Kroatien erinnert. In der Hitze des Sommers lagert dort eine Schlange, deshalb ist vor dem Namensteil Karst der Anfangsbuchstabe S, der sich durch seine Form gut mit der Vorstellung von einer Schlange verbinden lässt. Karst ist zu kurz – unbekümmert um die Grammatik erfinde ich jetzt die Mehrzahl von Karst, nämlich Karsten. Rasch noch die Schlange an den Anfang des Wortes gehängt und ich habe mit meiner Visualisierung das Wort Skarsten verankert. Könnte es sein, dass Frau Skarsten-

Pfliegers Gesichtszüge auch an den Karst in Kroatien erinnern?
Nun noch mit Schwung den zweiten Teil der Brücke fertig gebaut: Pflieger erinnert mich sofort an Flieger. Natürlich fliegt Frau Skarsten-Pflieger in die Karsten mit der Schlange. 15 Sekunden speichere ich den Flieger über dem Karst. Halt, da fehlt noch der Anfangsbuchstabe, ein einsames P. Ich sehe mein Bild noch einmal genauer an und sonnenklar – aus dem Cockpit des Fliegers winkt der Pilot. Eine wundervolle Bildkombination: Flieger und der Anfangsbuchstabe von Pilot werden zum Namen Pflieger verknüpft.

Visualisierungen machen Spaß und Sie werden erstaunt sein, wie fantasievoll und vor allem stressfrei Sie mit Ihren selbst gebauten Eselsbrücken zu größerer Namenssicherheit gelangen. Vergessen Sie dabei zunächst einmal Ihre linke Gehirnhälfte – diese will den korrekten Namen wissen und anwenden. Dieses Ziel aber wird nur dann erreicht, wenn Sie Ihre Eselbrücke fernab von Logik und Regeln im Fantasiereich der rechten Gehirnhälfte zusammenzimmern.

Nun sind Sie an der Reihe. Holen Sie Ihr Telefonbuch und suchen Sie einen komplizierten Namen heraus. Es ist wichtig, dass Sie selbst üben, denn erfahrungsgemäß sind die eigenen Eselsbrücken die sichersten und eingängigsten

EXKURS

Einige Tipps zu Vornamen

Haben Sie sich schon einmal genauer mit der Bedeutung von Vornamen befasst? Man kann dabei viele Verbindungen für ein gutes Namensgedächtnis nutzen. Angela, Angelika, Angie bedeutet Engel: Benimmt sich die betreffende Person auch so? Oder ist sie eher das teuflische Gegenteil? Die Namen Petra, Peter stehen für Unerschütterlichkeit und Fels. Sind die Namensinhaber unverrückbare Felsen in der Brandung? Moritz kommt vom Begriff Mohr. Hoffentlich ist er kein blonder Germane mit empfindlicher heller Haut! Thomas hat die griechische Bedeutung Zwilling. Warum kommt er nur immer allein? Isabella ist die Unberührte. Stimmt, an Großtante Isabella hat sich noch kein Mann herangewagt! Laura bedeutet die mit Lorbeer Bekränzte. Kaum vorstellbar. Sie schrieb doch immer die schlechtesten Deutschaufsätze des vorigen Jahrhunderts.

Zusammenfassung

- Den unbekannten Namen konzentriert anhören.
- Bildhafte Vorstellungen aus dem Kreativpool der rechten Gehirnhälfte schöpfen, Namen mit den Gesichtsmerkmalen oder Eigenschaften des Namensträgers bildhaft verknüpfen.
- Den Namen noch einmal wiederholen.

Reihenfolgen und Listen merken leicht gemacht

Schinkenkeule und Kopfsalat – wie Sie sich mit Bilderstrecken Ihre Einkaufsliste einprägen

Das ganze Frühjahr haben Sie Englisch für den Urlaub gepaukt. Aber als Sie im Sommerurlaub nach dem nächsten Pub fragten, wollte sich die entscheidende Vokabel im Gedächtnis nicht mehr einstellen – sie ist scheinbar vom Winde verweht. Frustrierend. Sie brauchen den Artikel in der Fachzeitschrift für ein wichtiges Referat. Aber nach dem Lesen wissen Sie über den Inhalt nichts mehr Genaues auszusagen. Und fast jeder kennt die verzweifelte Gedächtniserforschung nach den Zutaten für den Geburtstagskuchen oder den ultimativen Nudelauflauf angesichts überquellender Supermarktregale, während der sorgfältig geschriebene Einkaufszettel zu Hause auf dem Küchentisch liegt.
Wenn Ihnen diese Situationen bekannt vorkommen, dann haben Sie sich sicher auch schon seufzend gefragt: Wie werden Texte, Informatio-

nen, Tagespläne, wichtige Argumentationen und Gliederungspunkte bei Vorträgen, Verkaufs- und Fachgesprächen, kurzum Reihenfolgen oder Wortlisten unvergesslich?
Es gibt Gedächtniskünstler, die sich Legionen von zugerufenen Namen und Gegenständen merken können. Klarer Fall von phänomenalem Gedächtnis? Irrtum! Sie haben sich nur Methoden für ihr Erinnerungsvermögen zunutze gemacht oder diese weiterentwickelt. Der Rest ist Übung – auch für Sie zu erlernen.
Trotz der vielfältigen Eselsbrücken zur sprachlichen Gedächtniserinnerung geht es grundlegend immer darum, im ersten Schritt Begriffe und Wörter durch Bilder zu veranschaulichen und im zweiten Schritt Wörter und Bilder zu einer unwahrscheinlichen Geschichte zusammenzufügen. Auf diese Weise wird es Ihnen möglich sein, sich Wortlisten und Reihenfolgen mit bis zu zwanzig Begriffen einzuprägen. So können Sie sich zum Beispiel:

- Einkaufszettel,
- Tageserledigungen,
- Aufgaben oder Aktivitätenlisten,
- Vorstellungsgespräche,
- Gespräche über Gehaltserhöhungen,
- Kundengespräche,

- Verkaufsgespräche oder
- Aufträge

ohne schriftliche Gedächtnisstütze einprägen und behalten.

METHODE 1
Loci-System

Beginnen wir mit einer üblichen Alltagssituation. Schon wieder den Einkaufszettel vergessen? Wenn Sie demnächst auch den wöchentlichen Einkaufszettel im Gehirn speichern wollen, brauchen Sie nur noch die richtige Methode.
Greifen Sie zurück auf die altbewährte Loci-Technik, mit der schon der römische Staatsmann Cicero Reden hielt, ohne auch nur einen einzigen wichtigen Punkt seiner Ausführungen zu vergessen. In einer Zeit, in der elektronische Möglichkeiten wie Powerpoint, Overheadprojektor oder gar so etwas Simples wie ein kleines Notizblatt als Gedächtnisstütze unbekannt waren, mussten die berühmten antiken Redner sich eine andere Erinnerungsmethode einfallen lassen. Die Loci-Technik erweist sich heute noch alltagstauglich. Den lateinischen Begriff „Loci" kann man mit „Orte" übersetzen. Und so funktioniert sie:

Schritt 1: Suchen Sie sich eine bekannte Wegstrecke aus, an der eindeutige und unterscheidbare Orte liegen.
Schritt 2: Wandeln Sie diese Orte in leicht erinnerbare Bilder um. Handelt es sich bei diesem Ort um eine Metzgerei, dann stellen Sie sich vor, dass an der Eingangstüre eine so einladend saftige Schinkenkeule prangt, dass selbst Obelix seine Wildschweinvorliebe dafür vergessen hätte.
Schritt 3: Jetzt erfolgt die Verbindung des verbildlichten Ortes mit dem sich zu merkenden Begriff. Zum Beispiel fällt Ihnen morgens auf, dass Sie kein Spülmittel mehr haben, aber Sie werden erst abends dazu kommen, eins zu kaufen. So lange soll das Gedächtnis durchhalten? Sicherer ist die Loci-Methode. Die Schinkenkeule wurde von einem Hund angenagt. Seufzend nehmen Sie ein Spülmittel zur Hand und putzen die Schwarte wieder auf Hochglanz.
Schritt 4: Wollen Sie nun Ihre Merkinhalte abrufen, gehen Sie die bekannte Wegstrecke von Anfang bis Ende ab. Zur Sicherheit können Sie die Wegstrecke in Gedanken noch einmal ablaufen und jedes Bild an dem entsprechenden Ort in den damit verbundenen Begriff zurückverwandeln.
Dieser Trick funktioniert bei allen Projekten, die Sie in einer bestimmten Reihenfolge abrufen kön-

nen oder sollten. Mit einer einmal erstellten Loci-Reihenfolge können Sie immer wieder neue Informationen verknüpfen und die alten dadurch löschen.
Überlegen Sie nun in Ruhe, welche Orte Ihnen sehr vertraut sind:

- Sie können an der Autostrecke liegen, die Sie zur Arbeit fahren,
- auf Ihrem Lieblingswanderweg sein oder
- auf einem Rundgang durch Haus, Wohnung und Garten,
- aber auch an Ihrem Arbeitsplatz oder
- sogar auf Ihrem Körper haben Sie viele Möglichkeiten, Ihre Merkinhalte festzumachen.

Große Gedächtniskünstler erweiterten das Loci-System für die verblüffenden Demonstrationen ihrer Merkfähigkeit so, dass sie die Räume von Versailles, des Weißen Hauses oder berühmte Stadtviertel und Straßenzüge zum Bau ihrer Eselsbrücken verwendeten.
Wichtig ist vor allem, dass die Objekte nicht ihren Standort verändern können. Schließen Sie bewegliche Gegenstände aus. Jeder Ort oder Gegenstand sollte so markant und gut geortet sein, dass er eindeutig erkennbar ist.

Beispiel für die Loci-Technik

Begleiten Sie mich nun auf meiner Loci-Tour, mit der ich eine feste Reihenfolge von Dingen und Orten erstelle, um mir Sachen zu merken.

Täglich komme ich auf meinem Weg zur Arbeit zuerst an einer *Kreuzung* vorbei, dann fahre ich unter einer *Eisenbahnbrücke* hindurch und gelange an eine *Metzgerei* und ihr gegenüber fließt ein *Bach*, der von den *Schienen* einer Lokalbahn überbrückt wird. Wenn ich an der Ampel auf Grün warte, sehe ich über der Kreuzung am Straßenrand ein *Bushaltestellehäuschen* und genau darüber ein *Reklameschild*, das auf einem Hausdach befestigt ist. Der Weg führt nun an einer schwarzen *Villa* vorbei, neben der eine *Doppelgarage* angebaut ist. Noch einmal im Schnelldurchgang die neun zu merkenden Orte:

- Kreuzung,
- Eisenbahnbrücke,
- Metzgerei,
- Bach,
- Eisenbahnschienen,
- Bushaltestelle,
- Reklameschild,

- Villa,
- Doppelgarage.

Durch mehrmalige Wiederholung der Begriffe oder Orte verankert man sie sicher im Gedächtnis. Die Orte, sozusagen der Eselsbrückenschlag über das eine Ufer, sind fest gebaut und stehen sicher. Nun erfolgt der zweite Eselsbrückenschlag, mit dem ich das andere Ufer erreichen will. Neun wichtige Dinge stehen heute zur Erledigung an:

- Formulare kopieren,
- neue Korrekturstifte kaufen,
- Überweisungen zur Bank bringen,
- einen Krankenbesuch machen,
- PC zur Reparatur bringen,
- ein wichtiges Telefonat führen,
- Wäsche waschen,
- Unterrichtsstunden vorbereiten und
- Hausaufgaben kontrollieren.

Diese neun Aufgaben sind schon so angeordnet, dass sie reibungslos hintereinander erledigt werden können. Es ist sinnvoll, auf eine logische Reihenfolge zu achten. Aber jetzt muss ich meine Fantasie einsetzen, um die anstehenden Aufgaben des Tages zu verbildern und mit den Orten zu verknüpfen. Das *Formular* wird an der *Kreuzung* von einem Auto überfahren. Zerrissen und unbrauchbar liegt es am Straßenrand. Hätte ich es nur *kopiert!* Von der *Eisenbahnbrücke* kippt ein Güterwaggon und es regnet *Korrekturstifte* auf die Straße. Der Lokführer schreit, man könne die Stifte nun *kaufen*. Die *Überweisungen* fallen mir in der *Metzgerei* aus der Einkaufstasche, deshalb legt sie ein Kunde auf einer *Bank* ab. Die Zeit ist wegen den Überweisungen knapp geworden, also schwimme ich im *Bach* zu meinem *Krankenbesuch*. Das geht schneller als zu Fuß. Der *PC* ist zu schwer, ich kann ihn nur bis zu den *Eisenbahnschienen* schleppen, dort fährt ihn ein Transporter auf dem *Schienenweg* zur *Reparatur*. An der *Bushaltestelle* fährt ein Bus vor. Der Busfahrer öffnet die Tür und streckt mir ein riesengroßes schwarzes *Telefon* von anno dazumal entgegen. Er wartet so lange an der *Haltestelle*, bis ich zu Ende *telefoniert* habe. Dann fährt der Bus weiter. Ich stelle das *Telefon* an der *Bushaltestelle* ab. Das *Reklameschild* zeigt eine Frau ganz in strahlendem Weiß, weil sie das beste Waschmittel von al-

len nimmt. Auf dem *Reklameschild* steht: „Sie ist glücklich, weil sie ihre *Wäsche* weiß *waschen* kann." Die *Villa* wird von einem Lehrer bewohnt. Er braucht so ein großes Haus, weil er jeden Tag in einem anderen Zimmer seine *Unterrichtsstunden vorbereitet.* In seiner *Doppelgarage* ist kein Platz für Autos, denn dort stapeln sich die korrigierten *Hausaufgaben* seiner Kinder nach strenger *Kontrolle.*
Als abschließenden Schritt kontrolliere ich meine visuellen Vorstellungen, indem ich die Orte abrufe und mich dabei an meine Erledigungen erinnere. Fällt mir zu einem Ort nicht mehr meine damit verknüpfte Erledigung ein, ist meine Verbilderung vielleicht zu flüchtig oder nichtssagend gewesen. Dann versuche ich es mit deutlicheren Eselsbrücken.

Auch hier gilt wieder die Regel: Nehmen Sie sich die Zeit, um sich jedes Bild ungefähr 15 Sekunden lang einzuprägen. Dann heißt es üben, üben und nochmals üben.
Nun sind Sie an der Reihe, Ihre täglichen Routinefahrten und Wegstrecken mit ganz anderen und vor allem aufmerksameren Augen zu sehen. Denn

die Gedächtnisleistung ist immer abhängig von Konzentration und Wahrnehmung. Gewohntes mit neuen Augen zu betrachten, andere Perspektiven zu erfahren kann aber auf jeden Fall sehr reizvoll und anregend sein.

Sie werden der Loci-Methode in abgewandelter Form im nächsten Kapitel wieder begegnen, denn Sie können sie auch für die Verbesserung Ihres Zahlengedächtnisses anwenden.
Die Loci-Methode hat noch andere Spielvarianten hervorgebracht, die auf demselben Trick beruhen. Zum Beispiel können Sie die zu merkenden Begriffe durch Verknüpfungen an bereits vorhandenes Wissen koppeln.

Zusammenfassung

- Bei der Loci-Methode werden die Begriffe beider Ketten (Orte und Aufgaben) paarweise verknüpft.
- Wählen Sie möglichst auffällige Gleichnisse.
- Speichern Sie die Verbilderung jeder Einheit ungefähr 15 Sekunden in Ihrer Vorstellung ab.

METHODE 2

Kennworttechnik oder Schubladenmethode

Vergessen Sie die Orte und probieren Sie es nun einmal mit der Kennworttechnik. Merken Sie sich Begriffe nach einer bestimmten Reihenfolge wie zum Beispiel dem Alphabet:

A Adler, Affe
B Biene
C Chamäleon
D Dachs
E Emu, Esel
F Fisch, Fuchs
G Gämse, Gans
H Hund, Hahn
I Iltis, Igel
J Jaguar
K Katze, Kamel
L Löwe, Laus
M Maus, Marder
N Nilpferd
O Opossum, Otter
P Panther, Pferd
Q Qualle
R Reh
S Schlange, Stier
T Tiger
U Uhu
V Vogel
W Waschbär, Wolf
X Echse?
Y Yak
Z Zebra

Stellen Sie sich das Alphabet als 26 Schubladenfächer vor, die mit Kennwörtern beschriftet sind, sodass Sie die neuen Lerninhalte in die entsprechenden Schubladen einordnen können.

Im obigen Beispiel sind die Begriffe aus der Tierwelt so gewählt, dass die Anfangsbuchstaben des Tieres sich an die alphabetische Reihenfolge anpassen. Diese so genannten Auslöser (in unserem Fall die Tiere) gilt es nun zu lernen, denn sie sind die Merkhilfen, um Tageserledigungen, Prioritätenlisten oder bestimmte Vorgehensweisen im Gedächtnis zu speichern und wieder abzurufen.

Beispiel: Aktivitätenliste speichern
Sie planen eine große Party. Folgendes muss noch erledigt werden:

- Blumenschmuck besorgen,
- Tischkarten beschriften,
- musikalische Begleitung abstimmen,
- Menüfolge festlegen,
- Fotoapparat zum Reparieren bringen,
- Abendkleid kaufen,
- Torten beim Konditor bestellen,
- Getränke auswählen.

Jetzt nehmen Sie die tierischen Kennwörter und verbinden sie mit den Erledigungen zu einprägsamen Eselsbrücken: Der Adler schwebt mit einem Blumenkränzchen auf seinem Haupt auf Beutefang. Die Biene, immer emsig und fleißig, füllt summend die Tischkarten aus. Das Chamäleon wechselt zehnmal während des Festes die musikalische Richtung und so weiter.

Weitere Informationen zu dieser Methode und zu ihren Möglichkeiten finden Sie im Kapitel „Pincodes, Bankleitzahl und Telefonnummern – alles kein Problem!“, in dem es unter anderem um Autonummern und Passwörter geht.

Beispiel: Eine freie Rede im Berufsleben
Sie haben in den vorhergehenden Kapiteln viele methodische Anregungen erfahren, um Ihr Gedächtnis zu trainieren und zu verbessern. Welche Möglichkeiten können Sie nun nutzen, um eine freie Rede zu halten?
Zunächst sollten die Voraussetzungen stimmen:

- Sie kennen alles Wissenswerte zum Thema.
- Der Stoff ist Ihnen vertraut und Sie haben ihn logisch gegliedert.

- Zum Einüben der freien Rede empfiehlt es sich mit Karteikarten zu arbeiten, auf denen die wichtigen Punkte Ihrer Rede notiert sind.

Jetzt geht es darum, wie Sie das Referat oder den Vortrag in freier Rede ohne schriftliche Gedächtnisstütze halten können. Überlegen Sie, ob Ihnen die Loci- oder die Kennwortmethode besser zusagt. Wie bereits erwähnt, arbeitete der berühmte Redner Cicero mit der Loci-Methode. Dafür dienten ihm Säulen und Springbrunnen im Garten seines Landsitzes. Entweder entscheiden Sie sich für seine Methode, damit Sie auf einen Spickzettel verzichten können, oder Sie üben sich in der Schubladentechnik. Beide Male verbildern Sie die wichtigsten Begriffe, die den Leitfaden Ihrer Rede bilden, durch Geschichten.

Übungsmöglichkeiten für die freie Rede

Sie müssen aus beruflichen Gründen zu einem Diskussionsthema ein kurzes Statement abgeben, Argumente vortragen, neue Gesichtspunkte einführen. Was fällt Ihnen zu folgenden Themen ein, wenn Sie eine kurze Rede halten sollten?

- **Thema 1: Schulausschluss eines Schülers**
- **Thema 2: Mobbing durch Vorgesetzte**
- **Thema 3: Alkoholismus am Arbeitsplatz**

Bauen Sie die Eselsbrücken aus Stichworten und Verbilderungen entsprechend der gewählten Technik.

METHODE 3

Geschichten- oder Kettentechnik

Falls Sie keine Lust haben, die so genannten Auslöser bei der Loci- oder Kennworttechnik zu lernen, bleibt Ihnen noch die Möglichkeit der Geschichtentechnik.
Stellen Sie sich vor, wie Sie die Perlen (Ihre zu merkenden Begriffe) an einem Faden (Gedankenverbindungen knüpfen) aufreihen. So koppeln Sie der Reihenfolge nach durch bildhafte Geschichten einen Lerninhalt an den nächsten. Diese Methode eignet sich für:

- Reden zu Geburtstagsfeiern,
- Reden zu Hochzeiten,
- Reden zu anderen denkwürdigen Festen,

- Zitate und
- Witze.

Beispiel: Eine freie Rede im Privatleben
Sie halten eine Rede zum 65. Geburtstag Ihrer Tante. Um alle wichtigen Stationen in ihrem Leben zu würdigen, merken Sie sich folgende Begriffe:

- Schulzeit,
- Heirat,
- Geburt der Kinder,
- berufliche Tätigkeit als Malerin,
- Auslandsaufenthalte in Indien und den USA,
- berufliche Höhepunkte (Ausstellungen und Kunstpreise),
- Renovierung eines Anwesens auf einer griechischen Insel,
- lange Reisen in späteren Jahren,
- verschiedene Freundeskreise,
- große Feste,
- Geburten der Enkelkinder,
- Pensionierung des Mannes.

Zwölf Begriffe sind das Rückgrat dieser fiktiven

Rede. Wie wäre es mit folgender Geschichte? Das Geburtstagskind, der auslösende Moment für die Rede, hält eine riesige, mit Glanz- und Krepppapier überzogene *Schultüte* in den Händen. Als sie die Schultüte öffnet, kommt eine cremeweiße *Hochzeitstorte* zum Vorschein. Sie besteht aus elf Stockwerken, die vom Geburtstagskind nach allen Regeln der Kunst *bemalt* worden sind. Weil Barbara, so soll die fiktive Tante heißen, ein großzügiges Herz besitzt, lädt sie einen *indischen* Elefanten und einen *Indianer* ein, mit ihr die Torte zu essen. Stellen Sie sich vor, wie der graue Rüssel des Elefanten durch die Sahnecreme pflügt und die rote Kriegsbemalung des Indianers die Torte rosarot färbt. Als Elefant und Indianer sich satt gegessen haben, gehen sie friedlich vereint in das Museum of Modern Art zur *Ausstellung* von Barbaras Bildern. Aus allen Fenstern des Museums entrollen sich lange Teppiche, auf denen die *Ehrungen und Preise* für Barbaras Malerei in kunstvoll verwobenen Mustern aufgeführt sind. Nachdem jeder die Preise bewundern konnte, werden die Teppiche zusammengerollt und für die *Hausrenovierung* auf der griechischen Insel verwendet. Alle kaputten

Fußböden werden mit ihnen sorgfältig zugedeckt. Aber Barbara will noch mehr Häuser renovieren und so reitet sie mit dem Krokodil auf dem Nil (*Ägypten*), mit dem Tiger durch den Dschungel (*Malaysia*), mit dem Karussellpferd auf dem Prater (*Wien*). Krokodil, Tiger und Pferd stören die drei *Kreise*, in denen die *Freunde* sich versammelt haben. Die Freunde aus dem Berufsleben und gute Bekanntschaften stehen im zweigeteilten Kreis von B (Berufsleben), die Freunde aus dem Privatbereich stehen im Kreis von P (Privatleben). Zu *großen Festen* verlassen alle ihre Kreise und treffen sich bei einer riesengroßen Spaghettischüssel, aus der Wunderkerzen Tomatensugo versprühen, und singen „So ein Tag so wunderschön wie heute, ja, der dürfte nie vergehen." Barbaras kleine *Enkelkinder* sind empört, dass die Kerzen die Kleider rot besprühen und die Gäste so falsch singen. Deshalb weinen sie laut. Zum Glück ist Barbaras Mann nun *pensioniert* und hat die Zeit, seinen Enkelkindern aus den Spaghetti Ohrenschützer zu stricken.

Noch ein Tipp: Egal, ob Sie nun eine freie Rede aus beruflichen Gründen und deshalb sehr professionell halten oder ob Sie die 90 Lebensjahre von Erbtante Berta würdigen müssen – ein passendes Zitat macht sich immer gut. Sie können die drei erläuterten Methoden auch hier erproben.

Beispiel: Gute Schafe
Albert Einstein befand: „Um ein tadelloses Mitglied einer Schafherde zu sein, muss man vor allem ein Schaf sein."
Stellen Sie es sich vor, dieses tadellose Schaf mit weißem wolligem Pelz. Wie es magisch angezogen von seinen Artgenossen in den Kreis der Schafe gelangen will, obwohl es mit seinen kurzen Beinen kaum in der Lage ist, über das Gatter zu springen. Was für ein Bild! Dem Schaf tropft schon der Schweiß aus allen Poren, sein Pelz verfilzt sich gelblich, aber immer wieder nimmt es mähend Anlauf, weil es ein tadelloses Mitglied der Schafherde sein will.
Und nun für Sie: Ein tiefer Fall führt oft zu höherem Glück (William Shakespeare). Nicht ganz leicht, oder?

Für die freie Rede in beruflichen Situationen ist die Loci-Methode am besten geeignet, bei privaten Anlässen verspricht auch die Geschichtentechnik viel Erfolg.
Und noch ein Tipp: Gehören Sie auch immer zu denen, die in einer lustigen Runde bedauern, dass sie diesen herrlichen Witz, mit dem sie garantiert alle Freunde zum Lachen gebracht hätten, nicht behalten haben? Trotz angestrengter Überlegungen finden sich nur noch Bruchstücke im Gedächtnis vor, während die Pointe sich vollkommen in nebligen Fernen aufgelöst hat.
Auch das ist ein Fall für alle drei Techniken. Suchen Sie die Schlüsselwörter. Visualisieren Sie dann die Personen und die Situation im Witz, denn schon der römische Rhetoriker Quintilian befand: „Lieber einen guten Freund verlieren als einen guten Witz." Leider fällt mir jetzt kein Witz ein. Das ist aber kein Witz.

METHODE 4

Eine Fremdsprache oder Vokabeln lernen

Hierzu müssen Sie neben Ausdauer eine große Motivation mitbringen. Warum wollen Sie überhaupt eine Fremdsprache lernen?

- Schreiben Sie sich Ihre persönlichen Gründe auf, warum Sie diese Sprache lernen wollen.
- Hängen Sie den Zettel zur Erinnerung an einen gut sichtbaren Ort (Badezimmerspiegel, Kühlschrank).
- Stellen Sie sich motivierende Szenen bildhaft vor, Sie bekommen zum Beispiel den Job im Ausland, oder Sie verfolgen beim nächsten Schüleraustausch nicht mehr sprachlos die Gespräche Ihrer Kinder mit den ausländischen Schülern.

Darüber hinaus bringen folgende Eselsbrücken Sie sicher ans andere Ufer:

- Lernen Sie mit all Ihren Sinneskanälen: Hören Sie Musik in der Fremdsprache und singen Sie die Song- oder Chansontexte mit. Kochen Sie die Gerichte aus Originalkochbüchern nach. Schlagen Sie unbekannte Ausdrücke, Zutaten und Gerichte im Wörterbuch nach und notieren Sie die Bedeutung. Lesen Sie (Kinder-)Bücher, Zeitschriften und Comics oder sehen Sie Filme in der zu lernenden Sprache, wenn Sie schon fortgeschritten sind.
- Achten Sie darauf, die erworbenen Kenntnisse so oft wie möglich anzuwenden.

- Lernen Sie Vokabeln immer mit einem passenden Satz. Das bedeutet momentan zwar mehr Arbeit, verhilft Ihnen aber zu einer besseren Erinnerung an die Vokabel und erleichtert Ihnen das Reden in der Fremdsprache.
- Wichtig für die Erinnerung an die fremden Vokabeln ist auch die Einbeziehung der Ausspracheregeln.
- Bedienen Sie sich der Assoziationstechnik zur sicheren Einprägung von Vokabeln, die Ihnen Merkschwierigkeiten bereiten. Die fremde Vokabel dient als Auslöser. Ersinnen Sie dazu eine passende Vorstellung als Eselsbrücke und verbildern Sie diese mit der deutschen Bedeutung der Vokabel.
- Die Gedankenverbindungen können mit bildlichen und episodischen Vorstellungen hergestellt werden. Sie können sich sowohl auf die Schreibweise als auch auf den Klang des fremden Wortes beziehen.
- Hilfreich ist die Verwandtschaft vieler europäischer Sprachen zur indogermanischen Sprachfamilie. Nimmt man das Wort Frieden, so heißt es auf Englisch peace, auf Französisch paix, auf Spanisch paz und auf Italienisch pace.

Beispiel 1: Das italienische Wort *treno*
Sie wollen sich das italienische Wort *treno* merken. Es erinnert an Trend. Ein Trend bedeutet immer eine Vorwärtsbewegung, ein Vorankommen. Mit diesem Bild im Kopf ist es nicht mehr schwer, die deutsche Bedeutung für *treno*, nämlich Zug, damit in Verbindung zu bringen. Der neueste Trend ist im Zug reisen, immer von T nach O: *treno*.

Beispiel 2: Das italienische Wort *latte*
Das italienische Wort *latte* kann mit einem eindeutigen Bildauslöser aufwarten. Wer denkt nicht an eine Zaunlatte. Am besten rühren Sie in Ihrem Latte Macchiato nicht mehr mit dem Löffel, sondern mit einer Zaunlatte den Milchschaum um.
Zaunlatte – damit Milch umrühren – *latte* – Milch.

Finden Sie eine deutsche Bedeutung für die fremde Vokabel, um sich über diese Eselsbrücke wieder an ihren Klang und ihre Schreibweise erinnern zu können.

METHODE 5

Speed-Reading als Lesetechnik

Wie ist es um Ihre Lesekompetenz bestellt? Sie kämpfen sich oft nur noch lustlos durch einen ständig wachsenden Stapel von Fachliteratur, Firmenbriefen und -memos, Protokollen, Gebrauchsanleitungen und Katalogen. Sie haben oft das Gefühl, in einer Flutwelle aus elektronischer Post zu ertrinken. Unentwegt wird neues Fachwissen publiziert, per E-Mails oder in Rundbriefen werden Termine und Daten hin und her geschoben. Welche Informationen sind wichtig genug, um gelesen zu werden, welche zu unwichtig, welche müssen Sie sich merken, welche dürfen Sie guten Gewissens im PC und Gehirn wieder löschen? Das ist hier die Frage.
Ein Ausweg aus dem Dilemma von Zeitmangel und Medienflut ist die Technik des Speed-Reading. Sie macht sich die Tatsache zunutze, dass das menschliche Gehirn mit hoher Geschwindigkeit Texte verarbeiten kann. Ein durchschnittlicher Leser nimmt nur 200 bis 240 Worte pro Minute auf, als trainierter Leser erreichen Sie 1 000 Worte und mehr pro Minute.
Deshalb hier einige Hilfen für schnelleres Lesen. Kurz zusammengefasst: Der Trick beim Lesen auf

Geschwindigkeit besteht darin, die Zeilen zu überfliegen und nach wichtigen Informationen abzusuchen.

Speed-Reading

So funktioniert Speed-Reading

1. Schritt: Was will ich wissen?

Bevor Sie zu lesen beginnen, sollten Sie sich genau im Klaren sein, welche Informationen Sie Ihrer Lektüre entnehmen wollen. Ihre Wahrnehmung funktioniert auf diese Weise wie ein Filter, an dem genau diejenigen Hinweise hängen bleiben, für die Sie sich interessieren. Außerdem ersparen Sie sich viel Zeit, wenn Sie von vornherein unwichtige Kapitel und Texte weglegen können.

2. Schritt: Erweiterung der Blickspanne

Als untrainierter Leser haben Sie ein Wort mit etwa fünf Buchstaben im Blickfeld. Durch intensives Augentraining erreichen Sie eine Blickspanne von drei bis sieben Wörtern je nach ihrer Wortlänge. Lesen Sie nicht Wort für Wort, sondern erfassen Sie ganze Wortgruppen auf einen Blick, und wenn Sie es schaffen, sogar gleich ganze Zeilen.

3. Schritt: Vorwärts lesen

Erstaunlicherweise haben Untersuchungen ergeben, dass Schnellleser den Text viel besser verstehen. Leser, die sich sorgen, ob sie den Text auch tatsächlich begriffen haben und deshalb immer wieder zur Kontrolle zu früheren Abschnitten zurückschweifen, lesen zu langsam und verzetteln sich in Unwichtigkeiten. In diesem Fall ist das Vertrauen auf die schnelle Informationsverarbeitung im Gehirn besser als Kontrolle.

4. Schritt: Konzentrieren Sie sich auf die Schlüsselbegriffe

Unwichtige Wörter überlesen Sie und lenken die Aufmerksamkeit auf die entscheidenden Schlagwörter – meist Substantive und Zahlen.

5. Schritt: Wechseln Sie beim Lesen zwischen Gas und Bremse

Überlesen Sie die unwichtigen Stellen mit Vollgas und drosseln Sie Ihre Lesegeschwindigkeit bei schwierigeren oder entscheidenden Textstellen.

Tipp: Schnelllesen wird allerdings gestört, wenn Sie auf eine ungewohnte Formulierung, ein unbekanntes Wort oder einen unbekannten Fachausdruck stoßen. Wissenslücken bringen Sie ins Grübeln und veranlassen Sie zum Nachdenken. Deshalb ist es wichtig, dass Ihr Wortschatz und Ihre Sprachkenntnis groß genug sind, um Ihren Lesefluss nicht auszubremsen. Wissenslücken sollten Sie ergänzen. Fällt Ihnen das schwer, benutzen Sie Wörterbücher und Fachlexika.

Da aber viele Texte einen unterschiedlichen Schwierigkeitsgrad haben, hier noch Tipps für komplexe juristische, wirtschaftliche oder andere fachwissenschaftliche Texte.

So lesen Sie Fachliteratur schnell und effizient

1. Schritt: Machen Sie sich mit dem Buch vertraut

Überfliegen Sie Inhaltsverzeichnis, Vorwort und Zusammenfassung von Textabschnitten. Achten Sie auf Hervorhebungen wie Kapitelüberschriften. Dadurch bekommen Sie ein Gefühl für die wesentliche Gedankenstruktur. Reaktivieren Sie zum Lerninhalt passende Wissensinhalte.

2. Schritt: Überfliegen Sie den Text

Überfliegen Sie den Text mit der Speed-Reading-Methode, um sich einen Überblick zu verschaffen. Wenn Sie eine ungefähre Vorstellung vom Inhalt haben, können Sie die neuen Informationen leichter abspeichern und das Lesetempo steigern.

3. Schritt: Analysieren Sie den Text

Nun lesen Sie den Text gründlicher durch und stellen sich Fragen: Welche zentralen Botschaften, Aussagen und Argumente enthält dieser Text? Erkennen Sie einen roten Faden, den logischen Aufbau?

4. Schritt: Lesen Sie den Text quer

Wenn es darum geht, aus einem komplexen Text oder Buch eine bestimmte Information herauszufiltern, so schlagen Sie im Stichwortverzeichnis und Inhaltsverzeichnis nach. Wenn Sie damit keinen Erfolg haben, überfliegen Sie den Text so, dass Sie sich nur auf das gewünschte Stichwort konzentrieren. Um sich nicht ablenken zu lassen, gleiten Sie am besten mit einem Lineal oder mit dem Zeigefinger über die Zeilen. Geübte Leser fangen die Seite links oben an und überfliegen sie nach rechts unten.

5. Schritt: Prägen Sie sich den Text ein

Lesen Sie den Text nun laut vor, um sich alle Namen, Fakten, Begriffe und Zahlen einzuprägen. Wenn Sie Merkschwierigkeiten mit bestimmten Informationen haben, dann wenden Sie die assoziativen Techniken der Loci-, Geschichten- oder Schubladenmethode an.

6. Schritt: Wiederholen Sie den Text

Abschließend wiederholen Sie die wichtigsten Punkte des Textes und fassen den Inhalt zu einem Fazit oder einem Statement zusammen.

Pincodes, Bankleitzahl und Telefonnummern – alles kein Problem

1, 2, 3 im Walzertakt – mit Rhythmus und Buchstabencodes lassen sich Zahlen ganz einfach einprägen

Schon der griechische Mathematiker Pythagoras, der jedem Schüler wegen seiner Formel für rechtwinklige Dreiecke, $a^2 + b^2 = c^2$, in Erinnerung bleibt, bemerkte, dass die Zahl das Wesen aller Dinge sei. Daran hat sich in der modernen Welt nichts geändert. Zahlen gehören zu unserem Leben und werden deshalb zu einer großen Herausforderung für das menschliche Erinnerungsvermögen. Ein im Gedächtnistraining ungeübter Mensch kann sich bis maximal sieben Zahlen in seinem Ultrakurzzeitgedächtnis merken. Im täglichen Leben aber haben es die meisten mit einer zunehmenden Zahlenflut zu tun. Wer mit Zahlen auf Kriegsfuß steht, kann da schon einmal den Überblick verlieren. Da unser Gedächtnis eben mehr auf das Speichern von Bildern ausgerichtet ist, empfinden viele Menschen Nummern als abstrakte Krakel. Deshalb laufen alle bisher bekannten Mnemotechniken darauf hinaus, Zahlen visualisierbar und somit auch assoziierbar zu machen.

Diese Grundidee entzaubert für den normalen Gedächtnisbenutzer die geheimen Tricks der Zahlenkünstler, die scheinbar so mühelos mit langen Zahlenreihen jonglieren. Es handelt sich also keinesfalls um Hexenwerk, sondern um Methoden des Gedächtnistrainings, die für jeden Menschen erlernbar sind und die solide Eselsbrücken bieten. Auf diese Weise kommt Ordnung in Ihren Zahlensalat. Egal, ob es der Pincode Ihrer Geldkarte, die Bankleitzahl und Kontonummer eines wichtigen Geschäftspartners, die Telefonnummer Ihres Reisebüros, wichtige Geburtstage oder Termine sind – ab jetzt können Sie alles im Gedächtnis speichern.

Die Aussicht, all diese Zahlenkombinationen fest im Gedächtnis und nicht auf sorgsam versteckten Zetteln notiert zu haben, dürfte Motivation genug sein. Auch wenn die Götter zunächst den Schweiß vor den Erfolg gesetzt haben und es für den zukünftigen Zahlenakrobaten heißt: üben und wiederholen.

METHODE 1

Konsonantenmethode oder ERKO-Code

Die so genannte Konsonantenmethode, auch bekannt als ERKO-Code, gehört zu den komplizierteren, aber wirkungsvollsten Gedächtnisstützen, mit deren Hilfe man sich sogar eine 100-stellige Zahl merken kann.

Der ERKO-Code.

Für Leute, die beruflich oder auch privat viel mit Zahlen jonglieren müssen, lohnt sich die Mühe deshalb auf jeden Fall. Als Grundlage für den Code verwendet man das Alphabet, also 26 Buchstaben. Um die Sache zu vereinfachen, lässt man die Vokale a, e, i, o, u und Buchstaben wie c, h, q, w, x, y und z weg. Es entsteht ein phonetisches Alphabet, das den zehn Ziffern folgendermaßen zugeordnet wird:

Ziffer	Laut(e)
0	z, s
1	t, d
2	n
3	m
4	r
5	l
6	sch, ch
7	k, ck, g
8	f, v
9	b, p

Dieser Code, der bereits im 17. Jahrhundert entwickelt wurde, basiert auf der Idee, Zahlen in Buchstaben und Buchstaben in Zahlen zu verwandeln. Dadurch können Zahlenkombinationen in Wörtern, Ausdrücken und Sätzen zusammengefasst werden, die als Eselsbrücken dienen. Merken Sie sich zu jeder Ziffer den entsprechenden Buchstaben, denn dieser Code bildet die Grundlage, um sich eine bestimmte Zahlenfolge zu merken. Am besten lernen Sie diese Tabelle auswendig. Sie werden mit einem bemerkenswerten Zahlengedächtnis belohnt und das Staunen Ihrer Umgebung wird Ihnen gewiss sein. Zum besseren Lernverständnis der auf den ersten Blick willkürlichen Zuordnungen zwischen Ziffern und Buchstaben können Sie sich noch folgende Eselsbrücken bauen:

Zu 0: Das z für null kann man sich merken, weil im englischen Zero der Anfangsbuchstabe ein z und der letzte Buchstabe ein o ist, der wiederum an die Null erinnert. Oder Sie denken an das Roulettespiel, bei dem das Wort Zero verwendet und der Anfangsbuchstabe z als s ausgesprochen wird.

Zu 1: Die Buchstaben d und t bestehen jeweils aus einer senkrechten Linie, die Zahl eins ebenfalls.

Zu 2: Das n besitzt zwei Abstriche und erinnert damit an die Zahl zwei.

Zu 3: Das m besitzt drei Abstriche und erinnert damit an die Zahl drei.

Zu 4: Der letzte Buchstabe von vier lautet r oder denken Sie an den legendären R4.

Zu 5: Eine Hand (fünf Finger) mit abgespreiztem Daumen symbolisiert ein L, die römische Ziffer 50 wird als L geschrieben.

Zu 6: Die schlechteste Note in der Schule ist eine sechs; in der Sechs steckt bereits das ch.

Zu 7: Sieben ist eine Glückszahl oder: Siebengebirge.

Zu 8: Es gibt V-8-Motoren bei Ford; Acht-ung, Vorsicht Falle.

Zu 9: Die Buchstaben b und p sind Spiegelbilder der Zahl neun.

Besonders der männliche Teil der Menschheit leidet an Gedächtnisausfällen, wenn es darum geht, sich persönliche Daten wie Geburts- oder Hochzeitstage zu merken. Der böse Streit nach einem vergessenen Hochzeitstag muss in Zukunft nicht mehr sein. Allerdings gilt: Der Wille, sich das Datum zu merken, ist die unbedingte Voraussetzung für den Erfolg.

Beispiel: Hochzeitstag

Nehmen wir nun einen fiktiven Hochzeitstag am 27.01.1940 an. Müssen Sie immer wieder nachsehen, ob Sie das richtige Datum abgespeichert haben? Gehen Sie jetzt das Problem an, indem Sie aus der Reihenfolge der Zahlen eine phonetische Eselsbrücke bauen. Nach dem ERKO-Code ergibt sich die folgende Buchstabenfolge:
n, k/ck/g, s/z, t/d, t/d, b/p, r, s/z
Diese konsonantische Reihenfolge sieht zunächst ziemlich willkürlich und sinnlos aus. Deshalb kommen jetzt die Vokale und Umlaute, die bisher ja keine assoziativen Funktionen hatten, ins Spiel und werden als Füllzeichen benutzt. Je nachdem, ob Sie ein visueller oder auditiver Lerntyp sind, werden Sie sich mehr auf das Schriftbild oder die Laute konzentrieren. Betrachten Sie also dieses willkürliche Alphabet (visueller Lernkanal) oder murmeln Sie es vor sich hin (auditiver Lernkanal), bis Ihnen die passenden Vokale zum Einfügen einfallen, da-

mit sich aus den wirren Buchstabenkombinationen Wort- und Bildassoziationen entwickeln können. Probieren Sie es ungeniert. Hier geht es nicht um Logik und richtige Lösungswege.
Wie wäre es mit „Nick sieht die Preise?"
Und so entstand dieser Satz:
N i ck s i e h t d i e P r e i s e.
Die Vokale wurden zwischen die Konsonantenverbindungen gesetzt, folgende Konsonanten wurden weggelassen: k, g, z, d, t, b, z. Eine alberne Idee, aber lustig zu merken.
Dieses Bild verbindet sich nun mit dem Code, der in den Worten steckt und der wiederum zum Hochzeitsdatum zurückführt.
n = 2, ck = 7, s = 0, t = 1, d = 1, p = 9, r = 4, s = 0 ergibt also den 27.01.1940.
Um mein geschaffenes Fantasiegemälde wieder entschlüsseln zu können, ist es wichtig, den Code nicht zu vergessen. Ich baue also meine Eselsbrücke im rechten Gehirnraum. Hier schaut der kleine Nick an einer Tombola sehnsüchtig die Preise an. Doch in der linken Gehirnhälfte findet man nun das Hochzeitsdatum als logisch abstrakte Zahlenfolge abrufbereit.

Vergessen Sie nicht, dass die Konsonantenmethode nur dann zu einem brauchbaren Ergebnis führt, wenn keine weiteren Konsonanten hinzugefügt werden und ihre Reihenfolge eingehalten wird. Ansonsten wird der Code verfälscht. Mit Vokalen und Umlauten darf man dagegen großzügig umgehen. Sie sind ausschlaggebend für einprägsame Bildassoziationen. Probieren wir noch ein zweites Beispiel aus:

Nick sieht die Preise.

Beispiel: Telefonnummer

Nehmen wir die (fiktive) Telefonnummer einer italienischen Freundin an, die man nicht so oft braucht, aber dann doch ab und zu umständlich nachschlagen muss: 00 39/05 69/7 28 83 46

Jetzt muss zunächst einmal die Ziffernfolge wieder in die Buchstabenfolge umcodiert werden: s/z, s/z, m, b/p, s/z, l, sch/ch, b/p, k/ck/g, n, f/v, f/v, m, r, sch/ch

Sie werden bemerken, je mehr Zahlenreihen Sie in den phonetischen Code umbauen, umso schneller merken Sie sich die Zuordnungen zwischen Ziffern und Konsonanten.

Nun erfolgt der zweite Schritt. Sie murmeln diesen ungenießbaren Buchstabensalat vor sich hin, bis sich das Chaos zu verständlichen Begriffen formt. Vielleicht springt Ihnen die Lösung aber auch buchstäblich ins Auge. Hier eine Möglichkeit: Süße Möpse, lasche Böcke, Neffe, marsch!

Es ist sinnvoll, sich aus dieser Wortkette seine eigenen Assoziationen zu schaffen, denn nur Bilder, die man selbst mit seinen Vorstellungen ausfüllt, bleiben einem selbstverständlich im Gedächtnis hängen.

Ein kleines gedankliches Schwarz-Weiß-Bild hat im Gedächtnistraining nichts verloren. Die Bilder sollen vielmehr fantasievoll und einprägsam sein. Damit kann man nicht nur eine Verdoppelung, sondern sogar eine Vervielfachung der Gedächtnisleistung erzeugen. Deshalb verbildern Sie!
Je sinnloser die Bilder sind, desto einfacher sind sie zu behalten. Lösen Sie sich beim Schaffen Ihrer Bilder von den Alltagsbegebenheiten. Eine Eselsbrücke trägt nur dann, wenn sie mit absurden Bildern gebaut wurde. Dass Sie jeden Tag Müll in Ihre Tonne befördern, ist kein tragendes Bild für eine Gedächtnisleistung. Aber diese Handlung wird schon merkfähiger, wenn Sie sich vorstellen, dass ein Freund in der Abfalltonne sitzt und Elefanten zählt.
Um abschließend Ihren Trainingseifer und Ihr Durchhaltevermögen anzustacheln, sollten Sie wissen, dass die Methode so effektiv ist, dass geübte Gedächtnissportler sich in nur fünf Minuten eine Zahlenkolonne von über 200 Ziffern einprägen können.

METHODE 2

Die Major-Technik oder das Zahl-Wort-System

Eine weitere Entwicklungsmöglichkeit bei der Konsonantenmethode liegt darin, die Zahlen von eins bis hundert mit feststehenden Ausdrücken zu verbinden, deren Anfangsbuchstaben den Regeln des ERKO-Codes entsprechen. Gedächtnistrainer sprechen hier von der Major-Technik oder dem Zahl-Wort-System.

Bei der Major-Technik werden den Zahlen von 1 bis 100 Worte zugeordnet.

1	Tee	12	Ton	23	Name
2	Noah	13	Dom	24	Nero
3	Mai	14	Tor	25	Nil
4	Reh	15	Taille	26	Nische
5	Eule	16	Tacho	27	Nacken
6	Schuh	17	Decke	28	Neffe
7	Kuh	18	Tofu	29	Nabe
8	Efeu	19	Taube	30	Maus
9	Bau	20	Nase	31	Matte
10	Dose	21	Note	32	Mohn
11	Ted	22	Nonne	33	Mumie

34 Meer
35 Maul
36 Masche
37 Mücke
38 Muff
39 Mappe
40 Rose
41 Ratte
42 Rinne
43 Rahm
44 Rohr
45 Rolle
46 Rüsche
47 Rock
48 Riff
49 Rabe
50 Lasso
51 Latte
52 Leine
53 Lama
54 Lore
55 Lilie
56 Lasche
57 Lack
58 Lava
59 Lippe
60 Schatz
61 Schuft
62 Schein
63 Schwamm
64 Schere
65 Schlaf
66 Scheich
67 Scheck
68 Schiff
69 Schippe
70 Käse
71 Kette
72 Kahn
73 Kamm
74 Karte
75 Kohle
76 Koch
77 Kuckuck
78 Kaffee
79 Kappe
80 Fass
81 Fett
82 Finne
83 Vim
84 Fuhre
85 Feile
86 Fisch
87 Feige
88 Vivil
89 VIP
90 Bus
91 Boot
92 Bohne
93 Baum
94 Bär
95 Ball
96 Busch
97 Bock
98 Beef
99 Puppe
100 Ass

Der Vorteil liegt bei dieser Tabelle auf der Hand: Sie haben bereits vorgegebene Worte, die dem Code entsprechen.
Um sich die hundert Begriffe einzuprägen, arbeiten Sie am besten mit Karteikarten, auf denen Sie die Vorderseite für die Zahl und die Rückseite für den entsprechenden Schlüsselbegriff benutzen. Mischen Sie die Karten immer wieder neu, damit Sie die Begriffe unabhängig von ihrer Reihenfolge auswendig lernen können.

Beispiel

Prägen Sie sich die Zahl 299792458 ein. Der Trick dabei ist, diese Zahl in eine Zweierkombination aufzuteilen: 2 99 79 24 58. Diese Zahlenanordnung kann laut der Major-Tabelle mit den Begriffen Noah, Puppe, Kappe, Nero und Lava verbunden werden. Jetzt nehmen Sie Ihre durchschlagende Vorstellungskraft zur Hilfe, um die Begriffe zu verbildern. So werden Sie immer zum Staunen Ihrer Umwelt die Lichtgeschwindigkeit pro Sekunde im Kopf parat haben, denn 299 792,458 km legt das Licht in einer Sekunde zurück.

Für überforderte Leser folgen nun einige Methoden, die nicht ganz so kompliziert und aufwändig zu erlernen sind, wie die Konsonanten- oder Major-Methode.
Als psychologische Voraussetzung für eine erfolgreiche Gedächtnisleistung ist auch hier wieder der Wille, die Zahl konzentriert wahrzunehmen, erforderlich.

Arbeiten Sie am besten mit Karteikarten.

METHODE 3

Zahlen mehrmals wiederholen

Diese Methode funktioniert gut bei häufig gebrauchten Zahlenreihen wie zum Beispiel der Telefonnummer eines guten Freundes. Jeden Tag gewählt, wird sie in das Langzeitgedächtnis übergehen. Dies ist eine von den am meisten praktizierten Methoden, doch sicher keine besonders schnelle.

METHODE 4

Zahlen mit bekannten Informationen in Verbindung bringen

Hier dürfen Sie Detektiv spielen und nach bekannten Größen fahnden. Je mehr Sie Ihr Augenmerk auf bereits gespeichertes Zahlenmaterial richten, umso größer wird Ihre Erfolgsquote sein. Dazu bietet sich auch historisches Zahlenmaterial an. Als kleine Anregung sei Ihnen mit auf den Weg gegeben:

- Die Zahl 24 können Sie mit Weihnachten verbinden,
- die Zahl 612 mit dem Nikolaustag,
- die Zahl 65 kann an das Rentenalter,
- die Zahl 18 an die Volljährigkeit erinnern.

METHODE 5

Zahlen mathematisch berechnen

Diese Methode spricht besonders den mathematisch begabten Leser an. Erkennen Sie in den Zahlenkolonnen die rechnerischen Möglichkeiten, um Zahlenreihen merkbarer zu machen. Schweifen Sie mit Argusaugen, setzen Sie gezielt Ihren visuellen Lernkanal ein, das bringt Ihr Gedächtnis zusätzlich in Schwung.

Einige Beispiele

- **Bei der Geheimzahl 1530 kann man entdekken, dass 30 das Doppelte von 15 ist.**
- **Hat Ihr Parkplatz in der Tiefgarage des Einkaufszentrums die Nummer 415, erinnern Sie sich mit der Rechenaufgabe 4 + 1 = 5 daran.**
- **Das Geburtsdatum 05.05.1920 kann ebenfalls zu einer Rechenaufgabe führen: 5 + 5 = 10; 1 + 9 = 10; 10 x 2 = 20.**
- **Die Telefonnummer 1428112 muss nicht stur auswendig gelernt werden. Bei genauerem Hinsehen kann man folgende Eselsbrücke entdecken: 14 ist die Hälfte von 28 und 112 ist das Vierfache von 28.**

METHODE 6

Auditive Assoziationen zu den Zahlen

Hier wird berücksichtigt, dass jeder Mensch, auch wenn er noch so unmusikalisch ist, ein gewisses Takt- und Rhythmusgefühl im Blut hat. Menschen mit stärkerem auditivem Zugang zur Gedächtnisspeicherung haben einen Vorteil. Denn es geht darum, die Zahlenreihen laut aufzusagen und dabei seinen eigenen Rhythmus zu entwickeln, der beim späteren Abrufen zur Eselsbrücke werden kann.

Durch das Rhythmusgefühl werden die Zahlenreihen automatisch in passende Einheiten oder Rhythmusgruppen zerlegt. Wir wissen bereits, dass der Mensch nur sieben Zahlen im Kurzzeitgedächtnis speichern kann. Wenn er nun lange Zahlenkolonnen zu rhythmischen Gebilden zusammenfasst, überschreitet er diese Grenze nicht. Probieren Sie es aus!
Eine weitere Variante der Reim-Methode bietet das Zahl-Reim-System. Hierbei werden Zahlen mit Wörtern in Verbindung gebracht, die sich auf die Zahlen reimen:

eins	Schwein (Bein)
zwei	Hai (Geweih, Blei)
drei	Brei (Schrei)
vier	Bier
fünf	Strümpf (Sümpf)
sechs	Hex
sieben	Riemen (Rüben, Lieben)
acht	Wacht (Nacht)
neun	Scheun (Zäun)
zehn	Ren
null	Mull

Vier – Bier.

Sie können diese gereimten Merkhilfen aber auch nach persönlichen Vorgaben abwandeln. Wichtig ist eben der Reimeffekt zwischen Zahl und Wort zur Stimulierung Ihres auditiven Gedächtniskanals.

Beispiel
Ein Schwein hält Wacht und trinkt sein Bier, da kommt die böse Hex dahier und in der Scheune essen sie, nicht nur den Hai, sondern auch den Brei. Daraus kann man die folgende Zahlenfolge erkennen: 1–8–4–6–9–2–3.
Ein Datum etwa? Vielleicht der 18.04.1969 um 23.00 Uhr. Was da wohl war? Die Kennnummer eines deutschen Sparbuches, also 1 846 923?

Eine weitere hilfreiche Methode, die die meisten ganz selbstverständlich aus Ihrer Kinder- und Schulzeit kennen, ist die Verbindung von Zahlen und Reimen. Jeder kennt den alten Kindervers: Morgens früh um sechs kommt die alte Hex, morgens früh um sieben schält sie gelbe Rüben und so weiter. Warum sollten Ihnen keine lustigen Reime einfallen, wenn es darum geht, Daten, Termine oder Verabredungen im Gedächtnis abrufbereit zu speichern?

Gereimte Beispiele

- 1, 2, 3, 4, 5, 6, 7 – Wo ist nur die Hex geblieben?
- 15. Juli, zur fünften Stund, Herr Wurster ruft nach seinem Hund. Muss ja niemand wissen, dass Sie sich bei Ihrem Chef um des Reimes willen als Hund einführen. Auf jeden Fall ist der Termin am 15. Juli um 17.00 Uhr bei Ihnen sicher abgespeichert.
- 351 – das ist die Durchwahl ganz allein.
- 7, 8, 10 – schon bin ich bei Marlen. So vergessen Sie nicht, dass Sie am 07.08. um 10.00 Uhr Ihre Freundin besuchen wollen.

Übrigens, Ihre Reime müssen nicht Literaturgeschichte schreiben. Sie werden sicher keinen Lyrikpreis damit gewinnen. Ihre Umgebung kann mit den konfusen Reimen nichts anfangen? Macht doch nichts. Hauptsache, Sie glänzen mit einem verblüffenden Gedächtnis! Zudem sorgen Ihre gereimten Eselsbrücken für einen heiteren Alltag.

METHODE 7

Visuelle Assoziationen zu den Zahlen

Hier handelt es sich um Methoden, die besonders Menschen mit einem visuellen Gedächtnis entgegenkommen. Abstrakte Zahlen lassen sich durch die folgenden verschiedenen Methoden visuell zu geschichtenartigen Handlungen verknüpfen. Beim korrekten Wiederabruf der Geschichte aus dem Gedächtnis rekonstruieren sich die einzelnen Zahlen wieder in der richtigen Reihenfolge. Man sollte für jedes Bild 15 Sekunden Zeit ansetzen, um es in seiner Vorstellung zu verankern.
Mit den folgenden Tipps können Sie sich die Zahlen optisch besonders gut einprägen.

TIPP 1

Grafik der Zahlen

Betrachten Sie hier die Zahlenkombinationen nach Ihren grafischen Besonderheiten:

- Die Zahlen 6 und 9 mit ihren Schnecken, die sich jeweils unten oder oben befinden,
- die Zahlen 7 und 1, die beide eine Rückenlinie haben,
- die Zahlen 3 und 8, die aus zwei aufeinander ge-

setzten (Halb-)Kreisen zu bestehen scheinen und so weiter.

TIPP 2

Telefon als Merkhilfe

Wenn Sie diese Möglichkeit ausgeschöpft haben, bleibt noch der Trick mit den Telefontasten. Es lohnt sich also, bei den vielen täglichen Telefonaten die Tastatur bewusst als Merkhilfe wahrzunehmen. Stellen Sie sich dann vor, in welcher Reihenfolge Sie die zu merkenden Zahlen in die Tastatur Ihres Telefons eingeben und verbinden Sie die gewählten Tasten zu einem Muster. So entsteht eine grafische Möglichkeit, die Ihnen als Erinnerungsstütze dient.
Sie möchten sich ein Geburtstagsdatum merken? Geben Sie ein:

1
4
1
1
    5   6

Wenn Sie diese Anordnung der Zahlen verbinden, erhalten Sie den Buchstaben L. Eine weitere Anordnung könnte so aussehen:

1 1 1
4 5 6

Daraus können Sie ein Rechteck erstellen. Das Datum ist übrigens beide Male der

14.11.1956

TIPP 3

Zahl-Form-Methode

Eine weitere optische Möglichkeit, sich Zahlen, seien es nun Uhrzeiten, Daten, Termine, Tageserledigungspläne im Haushalt oder Berufsleben, zu merken, ist mit der Zahl-Form-Methode, auch Zahlensymbol-Methode genannt, gegeben. Sehen Sie sich die Ziffern von 0 bis 9 genau an:

- Hat die 0 nicht Ähnlichkeit mit einer Orange? Was für ein schöner Zufall: Orange beginnt mit einer großen Null, ich meine natürlich, einem O. Oder assoziieren Sie die Null lieber mit einem Ei?
- Aus der 1 entsteht in Ihrer Fantasie ein Bleistift und auch hier wird der Umlaut ei zur Eselsbrücke zwischen den beiden Begriffen. Sie können sich aber auch eine Kerze oder einen Baum vorstellen.
- Die 2 erinnert an einen Schwan,

- die 3 an ein Herz,
- die 4 an ein Segel,
- die 6 an einen gerollten Elefantenrüssel,
- die 9 an einen gerollten Katzenschwanz.

Haben Sie nun Lust bekommen, Ihre eigenen Formen zu entwerfen?

- Nehmen Sie ein großes Blatt Papier und bunte Stifte.
- Geben Sie den Zahlen die maßgeschneiderten Formen, die Ihnen ins Auge springen.
- Überlassen Sie sich Ihrer Vorstellungskraft.
- Bei dieser Zahl-Form-Methode wird nicht nur das visuelle, sondern auch das motorische Gedächtnis trainiert.
- Die erstellten Merkworte wie Bleistift, Schwan oder Herz sind nicht nur farbig und formähnlich, sondern auch durch die Bewegungen beim Malen im Erinnerungsvermögen besser verankert.

Beispiel: Namenstag

Vergessen Sie immer den Namenstag Ihrer alten Tante Cäcilie am 3.12. in der hektischen Weihnachtszeit? Aber halt: 3 ist das Herz. Also, nehmen Sie sich ein Herz für die Einsamkeit der Tante. Die Zahl 12 besteht aus einem Bleistift und einem Schwan. Ganz klar. Jeder kennt die Bleistiftmarke Stabilo und ihr Logo, den Schwan.

Die Begriffe sind in diesem Fall schon einprägsam genug, aber zur Sicherheit können Sie noch aus Herz, Schwan und Bleistift eine Eselsbrücke erstellen.

- Sie reisen auf dem Schwan an wie einst der Ritter Lohengrin.
- Mit dem Bleistift rudern Sie rechtshändig, damit Sie rasch am Haus der Tante ankommen, und
- in der linken Hand halten Sie als Geschenk eine blutrote Pralinenschachtel in Herzform triumphierend in den Himmel.

TIPP 4

Schubladenmethode mit Zahlenbildern

Mit der Schubladenmethode merken Sie sich besonders gut Zahlen mit wenigen Stellen, die Sie nur kurze Zeit behalten müssen, wie zum Beispiel:

- Parkplatznummern,
- Vorwahlnummern,
- Flugnummern,
- Hausnummern,
- Postleitzahlen,
- Bestellnummern von Artikeln,
- Entfernungen auf dem Kilometerzähler,
- Fahrtzeiten öffentlicher Verkehrsmittel.

Die Schubladenmethode ist Ihnen bereits aus dem vorigen Kapitel bekannt. Auch diese Methode arbeitet mit festen Speicherplätzen, die es zunächst einmal zu lernen gilt. Doch keine Angst! Sie visualisieren die Zahlen so, dass die Bilder wiederum Hinweise auf die Zahlen enthalten. Stellen Sie sich einen Schubladenschrank vor. Jede Schublade ist mit einem der folgenden Zahlenbilder gekennzeichnet.

Variante 1

0 Null
1 Formel Eins
2 Zwillinge
3 Dreirad
4 vierblättriges Kleeblatt
5 fünf Finger einer Hand
6 sechs Punkte auf einem Würfel
7 sieben Zwerge
8 Achterbahn
9 alle Neune auf der Kegelbahn
10 Zehn-Euro-Schein
11 Fußballelf
12 12.00 Uhr Mittags
13 Freitag, der 13.
14 Valentinstag am 14.02.

Ein anderes Schubladenmodell für die Visualisierung von Zahlen haben Sie in der folgenden Liste:

Variante 2

0 Rakete (Startschuss)
1 Siegespokal
2 Dick und Doof (Laurel und Hardy)
3 Musketiere, Dreizack
4 Elemente, Kreuz
5 Sinne
6 Lottogewinn
7 Weltwunder
8 Tintenfisch (acht Arme)
9 alle Neune
10 Finger
11 Fußballmannschaft
12 Apostel, Geisterstunde

Natürlich können Sie noch weitere Schubladen nach diesem Prinzip beschriften, wenn Ihnen 12 oder 14 zu wenig sind. Der nächste Schritt besteht nun darin, Informationen in die Schubladen einzuräumen.

Beispiele
Sie kennen vielleicht folgende Situation: In einem Telefongespräch werden Sie von Ihrem Mann gebeten, noch einige dringende Erledigungen zu machen. Noch bevor Sie sich Notizen dazu machen können, klingelt das Telefon schon wieder. Dabei geht es um wichtige Informationen, die Sie noch rasch in Ihre Arbeit einbauen müssen. Öffnen Sie, während Sie konzentriert zuhören, die Schublade mit der passenden Beschriftung und legen Sie die Bitte Ihres Mannes, die DVD in die Videothek zurückzubringen, darin ab, zum Beispiel so:
Im Geiste lenken Sie den knallroten Ferrari in rasendem Formel-Eins-Tempo mitten in die Videohalle und halten mit quietschenden Bremsen exakt vor dem Tresen.
Die Schublade mit der Beschriftung „Formel Eins" eingeräumt, zugemacht und fertig!

Ein weiteres Beispiel: Merken Sie sich mit Schubladendenken Vorwahlnummern. Bevor Sie umständlich das dicke Telefonbuch wälzen oder der Auskunft Geld schenken, probieren Sie die Technik der visuellen Zahlenassoziationen. Die

Null ist als Vorwahl bekannt, also kann man Sie bei der Verbilderung unberücksichtigt lassen.
Ich möchte eine Reise zu den berühmten Königsschlössern bei Füssen buchen. Also rufe ich das Fremdenverkehrsamt in Schwangau an. Mit Hilfe der folgenden Vorstellung präge ich mir die Vorwahl ein, denn ich werde sicher noch einmal anrufen müssen.
Von Schwangau (Schwan) fahre ich mit der Achterbahn nach Neuschwanstein (ein neuer Schwan) und mit meinem Dreirad bin ich bei der Schlossbesichtigung, die durch riesengroße Hallen führt, immer die Schnellste und die Füße werden mir auch nicht müde. Am Kartentisch liegt der Würfel des Königs aus, der nur sechs Punkte hat, weil der König immer gewinnen wollte. Der Fremdenführer hat noch einen Zwillingsbruder. Sie sehen aus wie Dick und Doof. Erraten Sie die Vorwahl? Sie lautet 0 83 62.
Sie können sich die vorhergehende Geschichte auch schenken, wenn Sie fleißig die Zahlenbilder gelernt haben. Vielleicht schaffen Sie den Merkvorgang dann mit dieser Variante:
Achterbahn, Dreirad, Würfel und Zwilling ergeben 0 83 62.

Sie haben auch die Möglichkeit, Vorwahl, Ort und anzurufende Person miteinander in einer bilderreichen Geschichte zu verknüpfen.

- London mit Queen Elizabeth; der Angerufene bekommt von ihr den Hosenbandorden,
- Frankreich mit Baguette; der Angerufene hat einen Laden mit allen Sorten von Baguettes,
- Zürich mit einer Banknote; der Angerufene ist der Bankdirektor,
- Kiel mit einem Schiff; der Angerufene ist Kapitän,
- Essen mit Essen; der Angerufene ist der Koch, Restaurantbesitzer,
- Lindau (Bodensee) mit Linden in der Au; der Angerufene ist ein Gärtner oder Gartenbesitzer.

Bauen Sie diese Assoziationen in die verbilderte Vorwahl mit ein und machen Sie den Empfänger des Anrufes zum Mitspieler in Ihrer Geschichte.

Beispiel für das Merken von Parkplatznummern
Prägen Sie sich die Zahlenbilder gut ein, dann geht es ganz leicht: Zwilling + Tintenfisch + Fußballmannschaft ergeben die Parkplatznummer 2911.

Um sich die Zahlenbilder zu merken, können Sie wahnwitzige Rechnungen gestalten, zum Beispiel (Zehn-Euro-Schein + Fußballelf – sieben Zwerge) x Dreizack = 42. Ihrer Fantasie sind hier keine Grenzen gesetzt!

Übung: Memory

Nehmen Sie sich die Listen der Zahlenbilder vor und veranstalten Sie mit Ihrer Familie oder Ihren Freunden an verregneten Ferientagen ein Memory aus verrückten Rechenaufgaben. Wer erweist sich als der Gedächtnis-Champion? Organisieren Sie für Ihre Kinder und deren Freunde solche Spielrunden. Dies vertreibt Langeweile und fördert die schulischen Leistungen auf spielerische Weise.

Sie wollen sich komplexere Zahlenfolgen merken, zum Beispiel Jahresabschlüsse, Bilanzen oder Präsentationen? Vor allem, wenn Sie es häufig mit komplexen Zahlenreihen zu tun haben, suchen Sie sich auch für die höheren Zahlen aussagekräftige Bilder aus. So werden Ihre Bildgeschichten kürzer und bemerkenswerter. Am besten merken Sie sich verschiedene Zahlenbilder zu jeder Zahl – das erleichtert Ihnen die Geschichtentechnik bei Zahlenreihen mit sich wiederholenden Ziffern. Versuchen Sie die Zahlenbilder mit Eigenschaften zu verknüpfen, um Ihre Fantasie anzuregen, zum Beispiel:

0	faules Ei
2	weißer Schwan
4	grünes Kleeblatt
5	starke Hand

Als Eselsbrücke führt ein grünes Ei zur Zahl 40.

Die Schubladenmethode bietet sich als Kurzzeitspeicher an, wenn es darum geht, sich einmalige Informationen kurzfristig zu merken und abzurufen. Informationen und Speichersymbole sollen sich nicht langfristig miteinander verbinden. Der Vorteil dieser Methode liegt eben darin, dass mit diesen leicht zu merkenden Symbolen wie Formel Eins, Zwilling, Dreirad und so weiter aktuelle Informationen immer wieder für eine begrenzte Zeit abrufbereit sind. Ist alles erledigt, werden die Schubladen geleert, damit wieder neuere Informationen in ihnen Platz finden.

Die Schubladenmethode ist jedoch nur von Erfolg gekrönt, wenn Sie die Zahlensymbole spontan

abrufen, also die Schubladen rasch öffnen können. Deshalb: üben und wiederholen!
Zur Erinnerung sei noch einmal gesagt, dass der ERKO-Code und das Major-System trotz größeren Lernaufwands ihre Berechtigung haben, weil für die Zahlenbilder der Schubladenmethode bei sehr komplexen Zahlensystemen keine tragfähigen Eselsbrücken mehr gebaut werden können. Schließlich sollen die Geschichten nicht komplizierter werden als die zu merkenden Zahlen. Außerdem hat diese Methode Vorteile bei Zahlen, die Sie länger im Kopf behalten möchten wie zum Beispiel:

- Umrechnungswerte von Maßeinheiten,
- Auftragsdienste,
- wichtige Telefonnummern,
- Nummern von Zahlenschlössern oder Tresoren,
- Kennnummern von Personalausweisen, Pässen oder Sparbüchern,
- Pincodes von Mobiltelefonen, Kredit- und EC-Karten.

METHODE 8

Alphanumerische Kombinationen

Manchmal bekommt man es mit Buchstaben **und** Zahlen zu tun. Das heißt, Sie müssen zwei Methoden kombinieren, um sich das gemischte Doppel zu merken.
Es handelt sich dabei um:

- Autonummern,
- Aktenzeichen,
- Passwörter für PC-Zugänge,
- Flugnummern,
- Hausnummern,
- Termine,
- Adressen,
- Versicherungsnummern von Krankenkassen, Haftpflichtversicherungen und Ähnliches.

Für die Zahlen verwenden Sie die Zahlenbilder, wie oben schon beschrieben. Sie können sich dabei der Schubladen- oder Major-Technik bedienen. Für die Buchstaben greifen Sie auf das Tieralphabet, ebenfalls eine Schubladentechnik, zurück.

Übung 1
Sie wollen sich das Autokennzeichen FS – PG 784 merken?
Im Tieralphabet (siehe Seite 73) steht
für F: Fuchs oder Fisch,
für S: Stier oder Schlange,
für P: Panther oder Pferd,
für G: Gans oder Gämse.

Diese Tiere verbildern Sie nun der Reihenfolge nach zu einer kleinen Geschichte. Haben Sie bemerkt, dass das erste Tier, der Fuchs, eine Beziehung zum letzten Tier, der Gans, hat?

Die Zahl 784 können Sie sich auf folgende Weise einprägen:

- Mit der Tabelle des Major-Systems: 78 bedeutet Kaffee, 4 bedeutet Reh. Haben Sie ein Kaffee schlürfendes Reh im Wald gesehen?
- Mit der mathematischen Methode: 7 steht in der Reihenfolge vor 8, 8 ist das Doppelte von 4.
- Mit der Zahl-Reim-Methode: 7 = Rüben, 8 = Nacht, 4 = Bier. Isst du Rüben in der Nacht, trinke Bier, das rat ich dir. 7, 8, 4 – trinke Rüben in der Nacht mit Bier!

- Mit der Zahl-Bild-Methode: 7 = Zwerge, 8 = Achterbahn, 4 = Kleeblatt. Sieben Zwerge in der Achterbahn werfen vierblättrige Kleeblätter als Glücksbringer auf die Menschen herunter.

Übung 2

Sie müssen sich folgendes Passwort merken, um einen Rechner benutzen zu können: N 7643 kl 2591.

Für die Zahlen empfehle ich das Major-System, damit die Geschichte nicht zu komplex wird: 76 bedeutet Koch, 43 bedeutet Rahm, 25 bedeutet Nil, 91 bedeutet Boot. Also: Einem Schiffskoch fällt der Rahm in den Nil, als er sich aus dem Boot zu weit hinausbeugt.

Jetzt noch die Buchstaben aus den Schubladen des Tieralphabets geholt: N = Nilpferd, K = Katze, Kamel, L = Löwe, Laus.

Und so könnte es funktionieren: Ein Nilpferd taucht vor dem Schiffskoch auf, dem fällt vor Schreck der Rahm aus der Hand. Ein Kamel am Ufer steht und lacht sich krank. Der Koch zieht deshalb ein Gesicht, als ob ihm eine Laus über die Leber gelaufen sei. Als er sein beleidigtes Spiegelbild im Nil betrachten will, beugt er sich zu weit nach vorne und fällt aus dem Boot. Platsch, spritz ...

Übung 3

Einen Terminkalender für den Kopf basteln

Um sich Wochentage und Uhrzeiten zu merken, verbinden Sie die sieben Wochentage mit der Konsonanten-Technik:

Montag	1	t, d
Dienstag	2	n
Mittwoch	3	m
Donnerstag	4	r
Freitag	5	l
Samstag	6	ch, sch
Sonntag	7	g, k, ck

Für die Uhrzeiten stehen nun festgelegte Begriffe zur Verfügung, die entsprechend der Konsonanten-Technik nur passende Konsonanten enthalten:

1.00 Uhr	Dattel
2.00 Uhr	Tanne
3.00 Uhr	Damm
4.00 Uhr	Tor
5.00 Uhr	Tal
6.00 Uhr	Tasche
7.00 Uhr	Teig
8.00 Uhr	Taufe
9.00 Uhr	Taube
10.00 Uhr	Dose
11.00 Uhr	Tüte
12.00 Uhr	Daten

Daraus können sich folgende Kombinationen zur Verbilderung ergeben:

- Montag, 1.00 Uhr (13.00 Uhr): eine Dattel,
- Sonntag, 12.00 Uhr = sieben Daten.

Wo habe ich's denn jetzt schon wieder? Bilder ins Gedächtnis rufen

Ordnung ist das halbe Leben. Räumen Sie Ihr Gedächtnis auf und aktivieren Sie Ihre Erinnerungen

Sie wissen bereits, dass die Bilder der rechten Gehirnhälfte entscheidend sind für ein erfolgreiches Gedächtnistraining. Deshalb sollte Sehen für Sie kein passiver Vorgang sein. Augenmenschen wie Fotografen oder Regisseure könnten jemandem wahrscheinlich am besten den Unterschied zwischen achtlosem Wahrnehmen und konzentrierter Verarbeitung der visuellen Reize erklären.

Stellen Sie sich vor: Auf Ihrem Tisch stehen zwei Kaffeetassen, drei Sektkelche und drei verschmutzte Kuchenteller, die Zeitung liegt unachtsam zerknittert am Rande des Tisches, und eine Schere liegt auf der aufgeschlagenen Kulturseite, die halb durchgeschnitten ist. Da ist nichts Sensationelles zu sehen. Man erfasst die Szene und vergisst sie sofort wieder. Aber ein Visualisierungskünstler sieht ein Bild vor seinen Augen entstehen, zum Beispiel: Die Frau des Hauses las Zeitung. Mit der Schere wollte sie Termine aus dem Kulturkalender ausschneiden, als Besuch kam. Rasch räumte sie die Zeitung beiseite und servierte ihren zwei Gästen und sich selbst Sekt, zwei Tassen Kaffee und Kuchen auf drei Tellern. Den Tellern nach zu schließen war es Erdbeerkuchen mit Sahne. Ein Gast wollte offensichtlich keinen Kaffee. Vielleicht ein Franzose, denn diese trinken oft zum Kuchen ein Gläschen Sekt.

Mit dieser Art von Visualisierung speichern Sie mehr Details und können sich dadurch besser an die Szene erinnern. Ob sie das Ganze richtig oder falsch interpretiert haben, spielt dabei erst einmal keine Rolle.

Auf der Suche nach den verlorenen Gegenständen

Wo ist mein Autoschlüssel? Ein Klassiker unter den Top 10 der Vergesslichkeiten ist die Suche nach dem verlorenen Schlüssel oder der verlegten Brille. Kann man das wirklich in den Griff bekommen? Versuchen Sie es mit den folgenden Eselsbrücken.

TIPP 1

Ordnung mit Stammplatz
Suchen Sie sich einen festen Platz, an dem der Schlüssel, die Brille, die Fernbedienung und ähnlich bewegliche Gegenstände aufbewahrt werden. Visualisieren Sie ihn!

Wo ist Ihr Autoschlüssel?

TIPP 2

Verschiedene Gedächtnisspeicher aktivieren

Versuchen Sie sich bewusst ein paar Sekunden Zeit zu nehmen, um abzuspeichern, wo Sie den Schlüssel oder einen ähnlichen Gegenstand ablegen. Formulieren Sie diese Handlung in einem Satz. Dadurch stimulieren Sie Ihr auditives Gedächtnis. Zum Beispiel:

- Ich lege den Schlüssel auf die Küchentheke.
- Ich lege meine Brille in die Handtasche.
- Ich stecke den Autoschlüssel in die Jackentasche.

Gleichzeitig visualisieren Sie den Ort, an dem Sie den Gegenstand abgelegt haben. Sie sehen deutlich die Küchentheke, die Tasche, die Jacke. Sie prägen sich Form und Farbe ein. Ihr visuelles Gedächtnis hilft Ihnen dabei.

TIPP 3

Eine Erinnerungsszene entwerfen

Die ersten beiden Tipps haben versagt? Sie sind wieder einmal auf der Suche nach dem verlorenen Schlüssel? Bleiben Sie ganz ruhig. Jede Hektik verhindert klares Denken. Ziehen Sie lieber die

Register Ihrer gesamten Sinneswahrnehmungen: Was geschah, als Sie den Schlüssel zuletzt in der Hand hielten? Klingelte das Telefon? Las Ihr Mann Ihnen etwas aus der Zeitung vor? Bat Ihre Tochter Sie, einen Knopf anzunähen? Rief der Installateur Sie in den Keller?
Mit all diesen Fragen kehren Ihre Erinnerungen an den Platz zurück, wo Sie den Schlüssel abgelegt haben. Vielleicht neben dem Telefon, am Tisch neben der Zeitung, am Nähkasten oder im Keller?

METHODE 1

Szenische Erinnerungen abrufen

Schwarze Löcher im Kopf? Kampf dem Black-out! Wann hat sich das Ereignis zugetragen? Welche Ereignisse waren in der letzten Woche von Bedeutung? Welche Pläne, Ideen oder Vorschläge, die Sie umsetzen wollten, hatten Sie vor einiger oder langer Zeit? Sie müssen eine Zeugenaussage machen. Wie lief der Unfall, der Brand oder der Überfall tatsächlich ab? Sie haben den erzählten Inhalt vergessen? Sie wollen ein Ereignis für jemanden beschreiben (Feier, Besprechung, Seminar, Klassentreffen, Urlaub), der nicht daran teilnehmen konnte. Sie haben ein wichtiges Ge-

spräch noch in Erinnerung, dummerweise aber nicht mehr den Inhalt? Sie haben Schwierigkeiten, sich an eigene oder fremde Erfahrungen genau zu erinnern?
Wenn Ihnen diese Fragen bekannt vorkommen, sollten Sie die Methode der szenischen Erinnerung anwenden, um Ihrem Gedächtnis auf die Sprünge zu helfen. (Was für eine nette Metapher! Visualisieren Sie Ihr Gedächtnis als lebhaftes Pferd, wie es von Gedächtnisspeicher zu Gedächtnisspeicher springt, durch Zeiten und Räume galoppiert) Bemühen Sie also Ihr szenisches Gedächtnis und fragen Sie:

- Was war wichtig?
- Was war der Höhepunkt?
- Wer nahm daran teil?
- Welche Gesprächsinhalte müssen unbedingt wiedergegeben werden?

Szenische Erinnerungen sind die Marathonläufe unter den Verbilderungen, die jedem Gedächtnissportler einen langen Atem abverlangen. Denn bei diesem Erinnerungsvorgang müssen Sie alle Gedächtniskanäle und Sinnesorgane einsetzen. Räumlichkeiten, Bewegungen, Zeitabläufe, akustische und optische Eindrücke sowie Geruchs-,

Geschmacks- und Temperaturempfindungen verknüpfen sich durch assoziative Querverbindungen zu mehreren Bezugssystemen. Eine sportliche Herausforderung!
Die Gedächtnisforschung hat erkannt, dass auch Erinnerungsbruchstücke zu Gedächtnisankern für verschüttete Erinnerungen werden. Eine kleine Erinnerung kann dazu führen, dass sich der Rest des Ereignisses wie ein Film abzuspulen beginnt. Stellen Sie sich also die passenden Fragen, machen Sie ein Brainstorming, und Sie werden bemerken, wie viele Details Ihnen wieder in den Sinn kommen.

Was war der Höhepunkt?

- In welchem Kontext stand das Erlebnis?
- Wie fühlten Sie sich in der damaligen Situation?
- Wie benahmen sich die anderen Beteiligten?
- Wie nahmen Sie die Umgebung wahr?
- Zu welcher Jahreszeit oder Tageszeit geschah es?

Auf diese Weise nähern Sie sich assoziativ, oder sagen wir über sehr viele Brücken an die vergessenen Aspekte an.
Trainieren Sie deshalb Ihr szenisches Erinnerungsvermögen. Das heißt, setzen Sie alle denkbaren Sinneswahrnehmungen ein. Je mehr Sie das Lesen, Beobachten, Visualisieren, Vorstellen, Hören, Riechen, Schmecken, Fühlen in Ihr Lernen einbeziehen, umso größer wird die Aufnahmebereitschaft Ihrer Gedächtnisstrukturen. Ihre Gedächtnisleistungen werden davon profitieren.

Ordnung ins Chaos bringen

Stellen Sie sich vor, Sie haben den Inhalt Ihres Bücher- oder Küchenschranks auf dem Boden zu einem einzigen Chaos ausgeleert. Nun möchten Sie Ordnung in das Durcheinander bringen. Wie gehen Sie vor?

Entwickeln Sie Ordnungskriterien, nach denen Sie sortieren, zum Beispiel Farben, Formen, Funktionen, Größe, Material, Gewicht, Brauchbares, Überflüssiges, nach Alphabet, Buchumfang, Buchinhalt, Buchtitel, Buchcover und so weiter.

Packen Sie einen Koffer.

Stellen Sie sich vor, Sie fahren in den Sommer- oder Winterurlaub, zum Tiefseetauchen oder zum Zelten. Entsprechend der Art Ihrer Reisepläne und dem Klima stellen Sie Ihren fiktiven Kofferinhalt zusammen. Welche Ordnungskriterien entwickeln Sie dabei?

Faktenwissen nicht abrufbar?

Sprechen Sie manchmal auch so? „Ich habe da diesen tollen Bestseller gelesen, aber jetzt fällt mir der Titel gerade nicht ein, und der Film im Fernsehen damals im Januar war wirklich gut, aber ich weiß nicht mehr, wie er ausging. Du solltest unbedingt diese Novelle von Thomas Mann lesen. Wie sie heißt? Also, da müsste ich jetzt nachdenken." Wenn das Faktenwissen nicht abrufbar ist, muss man versuchen, sich heranzutasten.

- Reaktivieren Sie zuerst die Umstände, unter denen Sie das Buch, die Novelle gelesen oder den Film gesehen haben.
- Wann und wo haben Sie das erste Mal diese Information erhalten?
- In welcher Situation befanden Sie sich?
- Welche neuen Fakten haben Sie erfahren?
- Konnten Sie die Fakten mit Ihrem Vorwissen verknüpfen?
- Wie heißt der Autor des Bestsellers? Hat er andere Titel verfasst?
- Welche Novellen oder andere Werke von Thomas Mann kennen Sie?
- Welche Überlegungen und Gefühle hatten Sie, als Sie den Film ansahen?
- Haben Sie sich mit anderen Menschen darüber unterhalten? Was war deren Meinung?

Stellen Sie sich Ihre Fragen so, dass Sie ein dichtes Netz mit vielen Querverbindungen weben, in dem schwarze Wissenslöcher keine Chance mehr haben. Letztlich lösen Sie ein Kreuzworträtsel. Nachdem alle Fragen aus den unterschiedlichsten Bereichen durch die Kästchenstruktur miteinander verbunden sind, erfahren Sie die Lösung.

Zum Thema zurückfinden

Häufig passiert es uns, dass wir aus einem Handlungsablauf oder einem Gedanken herausgerissen werden und uns nach dieser Unterbrechung ratlos fragen: Was wollte ich erledigen? Holen Sie Ihr motorisches Gedächtnis zu Hilfe und fragen Sie:

- Wo befanden Sie sich vor der Unterbrechung, welche Bewegungen machten Sie
- Wollten Sie etwas holen oder wegbringen?
- Ging es um Wünsche, um eine Notwendigkeit oder um körperliche Bedürfnisse?
- Wollten Sie eine banale Routine erledigen wie spülen oder den Müll wegbringen? Solche Tätigkeiten können leicht vergessen werden.
- Am besten kehren Sie zu dem Platz zurück, an dem Sie vor Ihrer Unterbrechung tätig waren.

- Betrachten Sie den Ort genau, ob er keine Hinweise auf Ihre letzte Aktivität bereithält, zum Beispiel die geöffnete Datei im PC, das aufgeschlagene Buch am Schreibtisch, die Radiosendung, die Notizen an der Pinnwand, das aufgeschlagene Telefonbuch bei M ...
- Wenn der Groschen immer noch nicht gefallen ist, erinnern Sie sich an die zeitlichen Umstände Ihrer Tätigkeit. Haben Sie ein festen Zeitplan, Routinearbeiten oder spontane Aktivitäten verfolgt? Wie fühlten Sie sich? Genervt? Ausgeglichen? Gut gelaunt? Gestresst?

Wenn Ihr Gedächtnis Sie aber trotz aller dieser Überlegungen im Stich lässt, bleibt die Frage: War es überhaupt wichtig? Entspannen Sie sich, machen Sie etwas Schönes. Meistens tritt die gesuchte Erinnerung dann in das Bewusstsein, wenn man lässig im Schaumbad versinkt.

Auch das ist eine Gedächtnisregel: Erinnerungen treten dann ins Bewusstsein, wenn man sich mit Ihnen nicht mehr bewusst beschäftigt.

EXKURS

Wenn der gefürchtete Black-out zuschlägt ...

Bei Vorträgen und in Prüfungen ist dies besonders peinlich, aber Stress verschlimmert das Dilemma nur noch. Geraten Sie deshalb nicht in Panik. Meistens handelt es sich um ein kleines Detail, das einem entfallen ist. Selten gehen große Teile an Wissen in einem Vortrag, einer Diskussion oder Unterhaltung verloren. Am besten umschreiben Sie mit ähnlichen Begriffen (Synonymen) den vergessenen Sachverhalt oder übergehen ihn, indem Sie unauffällig zum nächsten Punkt überleiten.

Sie können auch anhand Ihnen bekannter Texte und Filme üben, Sachverhalte und Namen durch sinnverwandte oder ähnliche Zusammenhänge zu umschreiben. So können Sie vergessene Namen durch charakterliche oder berufliche Merkmale ersetzen. Freud ist dann eben „der Begründer der Psychoanalyse", ein berühmter Schauspieler der „Oscarpreisträger als bester Nebendarsteller", die beiden Hauptfiguren im Roman sind „Feinde", „der Bösewicht", „die Braut", „der Mörder" und so weiter.

METHODE 2

Orientierungssinn trainieren durch räumliche Vorstellungen

Haben Frauen wirklich den schlechteren Orientierungssinn? Das räumliche Vorstellungsvermögen und der Orientierungssinn von Frauen ist ein beliebtes Witzthema und gehört in jede Waffenkammer für den Geschlechterkampf: Frauen können keine Straßenkarten lesen, verfahren sich in fremden Städten grundsätzlich, und beim Einparken schaut man besser weg. Stimmt das so? Auf jeden Fall kann das räumliche Vorstellungsvermögen, von dem der Orientierungssinn abhängt, trainiert werden. Je vielfältiger dabei die Erinnerungen sind, die in die Umstände der Situation miteinbezogen werden können, desto erfolgreicher wird die Fähigkeit in räumlichen Vorstellungen zu denken, erweitert.

Auch hier können Sie sich auf das Prinzip verlassen: Übung bringt den Erfolg. Gedächtnisstudien haben nämlich einwandfrei ergeben, dass sich Hirnstrukturen verändern lassen, und so führt ein intensives Einprägen von Fahrtrouten zu einer Verbesserung des räumlichen Gedächtnisses. Diese Nachricht sollte nun beide Geschlechter erfreuen!

Stadtpläne lesen

Wie geht man mit Stadtplänen und Straßenrouten um?

Eine viel versprechende Methode ist es, sich die wichtigen Sehenswürdigkeiten, die den Weg säumen, einzuprägen. Ebenso sollte man sich die Anzahl der Kreuzungen mit den richtigen Abbiegungen sowie die Anzahl der Straßen, die man überqueren muss, merken.

Nehmen Sie auffällige Merkmale, die direkt vor jeder Richtungsänderung auftauchen, visuell bewusst wahr und prägen Sie sich ihre Anordnung ein. Das kann ein Geschäftshaus mit großen Schaufenstern am rechten Straßenrand sein, die Ampelanlage einer großen Kreuzung, eine Straßenbahnhaltestelle mitten in der Straße, ein Brunnen am Rande einer Parkanlage oder ein Denkmal geradeaus.

Auto wiederfinden

Diese Hinweise gelten natürlich auch, wenn das Auto in einer fremden Stadt oder Umgebung geparkt werden muss.

Straßennamen merken

Straßennamen assoziieren Sie mit Hilfe der Namenstechnik (siehe Kapitel „Nie mehr Ärger mit Namen!“).

Falls Sie sich eine Reihe von Straßennamen merken müssen, können Sie hier gut Ihre persönlich gewählte Loci-Technik einsetzen (siehe Seite 65). Verbinden Sie Ihre Eselsbrückenpfeiler durch eindrückliche Bilder mit den neuen Straßennamen.

Wegbeschreibungen einprägen

Zeichnen Sie den Weg gedanklich auf ein großes, weißes Blatt, auf ein an der Wäscheleine flatterndes Leintuch oder auf eine riesige leere Werbetafel. Dadurch aktivieren Sie auch Ihren motorischen Lernkanal.

Eine weitere Möglichkeit besteht darin, dass Sie Ihre Haustür als Ausgangspunkt nehmen und den beschriebenen Weg von Ihrer Haustür weg gedanklich ablaufen. Die bekannte Umgebung wird zur Eselsbrücke für den neuen Lerninhalt, nämlich die Wegbeschreibung. Lautet zum Beispiel die Anweisung, rechts abzubiegen, dann stellen Sie sich vor, wie Sie aus

dem Haus gehen und die nächste Straße nach rechts abbiegen.
Wenn Sie eine mündliche Wegbeschreibung während der Fahrt erhalten, dann wiederholen Sie diese Informationen für sich selbst oder sprechen Sie sie laut nach, um den auditiven Gedächtniskanal zu stimulieren. Am besten fragen Sie nach und scheuen sich nicht vor lebhafter Gestik: „Ich soll also da vorne – Arm und Hand weisen deutlich darauf hin – rechts abbiegen? Sie meinen da, wo die kleine Kapelle steht (Zeigefinger geht in Richtung der kleinen Kapelle)" und so weiter.
Beschreiben Sie aus dem Handgelenk heraus einen lockeren Kreis für Kreisverkehr, verbildern Sie ihn mit einem Karussell. Machen Sie aus der Ampelanlage einen Clown, der mit roten Kirschen, grünen Papayas und orangen Orangen jongliert. Stampfen Sie mit den Füßen, klopfen Sie an die Autotüre, klatschen Sie in die Hände. Es gibt unzählige Möglichkeiten sich den Fahrtweg einzuhämmern.

Übung für den Orientierungssinn
Setzen Sie sich an Ihren Schreibtisch und konzentrieren Sie sich eine Minute lang auf die dort befindlichen Gegenstände und deren Anordnung. Dann verlassen Sie den Arbeitsplatz und nach einer fünfminütigen Pause zeichnen Sie auf einem Blatt Papier die Objekte und deren Lage möglichst präzise ein. Um künstlerische Belange machen Sie sich keine Sorgen, darum geht es nicht. Wenn Ihnen nichts mehr einfällt, gehen Sie an den Schreibtisch zurück und vergleichen Ihre Vorstellung mit der Realität. Sie können nun sehr gut erkennen, ob es Ihnen leichter fiel, die Gegenstände zu benennen (auditives Gedächtnis) oder sich auf die Lage der Objekte zu besinnen (räumliches Gedächtnis)?

METHODE 3

Abstraktes merken

Auf den ersten Blick mag es nicht auffallen, aber der moderne Mensch ist umgeben von abstrakten Zeichen, Symbolen und Formen.
Viele Abstrakta wie Buchstaben, Rechen- und Verkehrszeichen sind uns vertraut geworden, andere Zeichen, wie sie zum Beispiel an Telefonen oder PC-Tastaturen zu finden sind, können wir kaum aus dem Gedächtnis rekapitulieren.
Um sich abstrakte Bilder und Grafiken wie die Kurvenverläufe der Aktienkurse einzuprägen, braucht es einige Übung.

- Versuchen Sie in den Symbolen auffällige Einzelheiten oder herausragende Besonderheiten zu erkennen.
- Zeichnen Sie gedanklich die äußere Kontur eines Zeichens nach.
- Ergibt sie eine merkbare Form?
- Ergeben sich Elemente, die sich wiederholen? Kurven, wie sie die Börsenberichte im Fernsehen zeigen, bestehen aus Bergen und Tälern.
- Wie tief sind die Täler, wie hoch die Berge?
- Wie viele Berge und wie viele Täler folgen aufeinander?

- Wie sieht die Kurve im Vergleich zu anderen Unternehmen aus?
- Welche Formen kann man aus den Kurven herauslesen?

Übung 1

Betrachten Sie folgende abstrakte Formen. Versuchen Sie, gemeinsame Ordnungsstrukturen zu erkennen und sie sich einzuprägen:

- **Parallelen,**
- **unterschiedliche Größenzuordnungen,**
- **geometrische Formen,**
- **Ähnlichkeiten mit Buchstaben und so weiter.**

Setzen Sie auch auf Ihre rechte Gehirnhälfte und verbildern Sie geeignete Formen.

Übung 2

Sehen Sie sich die Flaggen verschiedener Nationen an. Sie bestehen aus Formen und Farben. Welche Möglichkeiten gibt es, sich die Flaggen einzelner Länder zu merken?

- Erkennen Sie Gemeinsamkeiten und Unterschiede.
- Kategorisieren Sie nach bestimmten Mustern.
- Verbinden Sie die Flagge mit dem Wissen über das Land.
- Verbildlichen Sie die Symbole auf den Flaggen.

Die italienische Flagge zum Beispiel erinnert mit den Farben Rot-Grün-Weiß an die beliebte Vorspeise Tomaten mit Mozzarella und Basilikum. Die griechische Flagge erinnert mit den Farben Weiß und Blau an Meer und Wolken oder an das Meer, auf dem weiße Segel zu sehen sind. Die grafische Anordnung lässt an Wellen denken. Das Kreuz in der linken oberen Ecke könnte für den Schutz stehen, den die Seefahrer von Gott erflehen. Die österreichische Flagge erinnert mit den Farben Rot und Weiß an das Logo des Roten Kreuzes, die grafische Anordnung an eine Schichttorte.

Zu guter Letzt

Wenn Sie Eselsbrücken bauen, dann schaffen Sie in Ihrem Gedächtnis eine Ordnungsstruktur, die bildlich gesprochen reihenweise Ankerplätze, Haken oder Kleiderbügel (die so genannten Auslöser) bereithält, an denen neue Lerninhalte festgemacht oder aufgehängt werden (Assoziationen herstellen). Solche Merksysteme ermöglichen innerhalb kurzer Zeit, neue Gedankeninhalte besser zu speichern und wieder abzurufen.
Bevor Sie aber nun Ihre Übungen auf dem Weg zum Superhirn beginnen, rufen Sie sich noch einmal die grundlegenden Voraussetzungen in Ihr Gedächtnis.

- Effektives Lernen kann nur in einem positiven und entspannten Zustand erfolgen. Techniken wie Meditation, autogenes Training, Muskelentspannung, Yoga und Ähnliches verhelfen zu einem ausgeglichenen Seelenhaushalt.
- Wenn Sie konzentriert, motiviert und aufnahmebereit für neues Wissen und neue Informationen sind, dann sollten Sie zur Verankerung neuer Gedächtnisinhalte alle Sinneskanäle benutzen.

- Erinnerungen, die mit Geräuschen, Gefühlen, Gerüchen, Farben und Bewegungen verknüpft sind, bleiben besser im Gedächtnis haften und sind auch schneller abrufbereit. Um diese Möglichkeiten voll auszuschöpfen, sollten Sie Ihre Sinne regelmäßig trainieren. Schärfen Sie Ihre Beobachtungsgabe, achten Sie auf Ihre körperlichen Bewegungen, nehmen Sie Geräusche und Gerüche wahr.
- Denken Sie daran, dass Emotionen eine Schlüsselrolle beim Abrufen der Erinnerungen spielen. Umgekehrt reaktiviert jede Erinnerung die daran gekoppelte Emotion. Machen Sie sich diesen Kreislauf zunutze, um Ihre Gedächtnisleistungen zu verbessern.
- Aktivieren und unterstützen Sie das Zusammenspiel der rechten und linken Gehirnhälfte. Dazu gehören auch Bewegung, Musik und kreative Techniken wie Visualisierung, Malen oder Geschichten erfinden.
- Üben Sie so häufig, bis Ihnen die Baupläne der Eselsbrücken in Fleisch und Blut übergegangen sind, sodass Sie immer originellere Assoziationen bilden können. Sie werden die Fortschritte daran erkennen, dass sich die Entwicklung zum Eselsbrückenbaumeister immer mehr verselbstständigt.

In den 60er Jahren hat der Neurologe Georgi Lozanov aus diesen Erkenntnissen eine spezielle Methode entwickelt, um die Gedächtnisleistungen zu steigern und nannte sie Superlearning. Untersuchungen zeigten, dass mit Hilfe dieser Technik noch 90 Prozent des Gelernten nach drei Monaten abrufbereit waren, mit herkömmlichen Methoden nur noch 30 Prozent.

Denken Sie daran,
dass Emotionen eine Schlüsselrolle beim Abrufen der Erinnerungen spielen.

Seien Sie gut zu Ihrem Gedächtnis. Vermeiden Sie Stress und negative Gedanken. Es sei noch einmal betont: Vor jeder guten Gedächtnisleistung steht Entspannung. Nichts ist für das Gedächtnis schädlicher als zu viel Stress, Reizüberflutung und Hektik. Sie werden fahrig, schreiben unendliche Mengen dieser niedlichen gelben Zettelchen – und vergessen, vergessen, vergessen.
Bleibt die Frage: Wie kann man den Selbstzweifeln, den negativen Gedanken bezüglich des Lernstoffs entgehen?

- Das merke ich mir nie.
- Das verstehe ich nie.
- Das vergesse ich sicher.
- Das war schon immer so bei mir.
- Ich habe ein schlechtes Gedächtnis, da kann man nichts machen!
- Ich werde sicher wieder alles vergessen!
- Ich bin einfach zu dumm dazu!

Mit diesen Gedanken halten Sie ein negatives Gedankenkarussell in Schwung: Das Problem der Vergesslichkeit löst negative Gedanken aus, die zu negativen Gefühlen führen, die wiederum einen Motivationsverlust bewirken. Warum soll man sich noch anstrengen, wenn man von seinen

Misserfolgen überzeugt ist? Somit bleibt das Problem einer schlechten Gedächtnisleistung eben ungelöst. Das Karussell dreht sich weiter. Aber jedes Karussell kann gestoppt werden, auch ein negatives Gedankenkarussell. In der Verhaltenstherapie spricht man von einem Gedankenstopp.

Übung zum Gedankenstopp

Sobald Sie merken, dass Sie in die Falle herabsetzender Gedanken rutschen, sollten Sie laut „stopp“ rufen und sofort positive Gedanken dagegensetzen. Diese sollen knapp, aber klar formuliert sein. Wichtig ist, dass die Botschaft keine Verneinung enthält. Sie formulieren nicht „Ich werde nicht durchfallen“, sondern „Ich werde die Prüfung bestehen.“

Ein Stopp negativer Gedanken sollte immer verbunden sein mit einem positiven Gegengedanken, denn ein ausgeglichener Seelenhaushalt verhilft zu einer besseren Gedächtnisleistung und ein besseres Gedächtnis wirkt sich wiederum auf unser Wohlbefinden positiv aus. Die neuesten Gehirnforschungen bestätigen, dass die Erinnerung einen maßgeblichen Einfluss auf das Immunsystem hat.

Gute Gedächtnisleistungen beflügeln das Leben. Entscheidungen werden rascher getroffen. Das Lernen schwieriger Inhalte und Zusammenhänge fällt leichter. Die Kreativität wächst.

s ist bekannt, dass erfolgreiche Persönlichkeiten uch immer über ein gutes Gedächtnis verfügen. h hoffe, das Buch hat Ihnen gezeigt, dass auch ie dazugehören können.
um Schluss vergessen Sie nicht: Die Eselsrückentechnik bietet so viele fantasievolle, schrä e, absurde und zwerchfellerschütternde Gechichten, Reime und Bilder, dass man schon in alter Griesgram sein muss, um trockenen uges seine Eselsbrücken zu bauen. Deshalb ist neiner Meinung nach für die Kunst der Geächtnisleistung der Humor die wichtigste Zutat. nter seiner Regie verbinden sich Sprache, Zahlen nd Bilder zu erinnerungswerten Inhalten, chwingen Merkhilfen in luftiger Eleganz nach emerkenswerten Rhythmen. Nun wünsche ich hnen viel Humor für Ihr Gedächtnistraining sovie Erfolg beim Bau tragfähiger Eselsbrücken.